마음의 말

홍영인, *Rhythmic Flowers*, 2016.

탐색
001

마음의 말

Affect and its Voice

정동의 사회적 삶

김예란
지음

culture look

탐색 001

마음의 말

정동의 사회적 삶

지은이 김예란
펴낸이 이리라

책임 편집 이여진
편집 에디토리얼 렌즈
표지 디자인 엄혜리

2020년 8월 30일 1판 1쇄 펴냄

펴낸곳 컬처룩
등록번호 제2011-000149호
주소 03993 서울시 마포구 동교로 27길 12 씨티빌딩 302호
전화 02.322.7019 | 팩스 070.8257.7019 | culturelook@daum.net
www.culturelook.net

ISBN 979-11-85521-82-4 94300
ISBN 979-11-85521-81-7 (세트)

* 이 도서의 국립중앙도서관 출판예정도서목록(CIP)은 서지정보유통지원시스템 홈페이지(http://seoji.nl.go.kr)와 국가자료공동목록시스템(http://www.nl.go.kr/kolisnet)에서 이용하실 수 있습니다. (CIP제어번호: CIP2020033389)

culturelook

차례

II

감사의 말

이 책의 각 장에 실린 글들은 다소 다른 형태로, 〈언론과 사회〉(27권 4호), 〈한국언론정보학보〉(통권 90, 94호), 〈커뮤니케이션 이론〉(13권 1호), *International Journal of Cultural Studies*(2020)에 실렸고 이후 많은 수정을 거쳤다.

이 글들은 좋은 이들과의 시간 속에서 쓰이고 묶일 수 있었다. 이 작은 글들이 한 권의 책으로 태어날 수 있도록 모든 노력과 격려를 아끼지 않으신 컬처룩의 이리라 · 이여진 선생님께 진심으로 감사드린다. 매 긴요한 순간마다 귀중한 조언을 해 주신 유선영 · 이동후 · 김수정 · 이희은 · 김수아 · 백욱인 선생님, 초고를 읽고서 세심한 메일로, 상쾌한 연두색 펜으로, 정교한 메모로 비평을 해 주신 도승연 · 김희교 · 김용찬 · 채영길 · 강재호 선생님께 고마움을 전한다. 해빈, 승현, 우성은 그들의 젊은 시선으로만 느낄 수 있는 싱싱한 소감들을 나누어 주었다. 원고의 일부가 일본의 〈문화연구*Annual Review of Cultural Studies*〉(2018)에 실릴 수 있도록 낯선 언어로의 이행을 섬세하게 도와준 권도희 선생님께 지난 35년간 빚져 왔던 우정에 또 하나의 결이 덧붙여졌다. *Rhythmic Flowers*(2016)는 이 책이 설명하고자 애쓴 정동의 선율, 그 빛나는 생동을 놀라울 만큼 정확하고 아름답게 표현한다. 이 작품의 이미지가 《마음의 말》에 함께하는 데에 진심으로 기뻐해 준 홍영인 작가님께 마음 깊이 감사드린다.

정일권 선생님은 일상의 크고 작은 사건마다 따뜻한 대화로 도움을 주셨다. 내 행복의 나무가 잘 자라고 있는지 간간이 잊지 않고 살피신 서현석 선생님께도 고마움을 표한다. 박명진 선생님께서는 학부 학생으로 수줍게 과제를 드렸을 때부터 삼십 년이 지난 지금까지도 가장 크고도 날카로운 가르침을 베풀어 주신다. 변함없는 존경과 감사를 드린다.

아빠, 엄마는 여전히 내가 저 혼자 글자를 익혔다고 믿고 계신 듯하다. 하지만 모든 유년기의 부드러운 모호함이 그러하듯이, 특별히 배운 기억도 없지만 그런 만큼 갑자기 글을 읽어야겠다고 자진해서 결심하는 아이도 없다. 세상에 책이라는 사물이 있어 그 안에 가지런히 놓인 무늬들을 따라가다 보면 새로운 의미가 도래하는 신비를 자연스럽게 터득할 수 있었던 건, 평생 책을 만드셨고 집안에 가득 쌓인 책들을 마음껏 만지고 어지르도록 놔두신 부모님이 계셨기에 가능했다. 지금은 인터넷으로 책 주문하는 일을 내가 도와드리고 있지만, 두 분이 항상 지금처럼 글을 읽고 쓰시면서 건강하게 지내시면 좋겠다.

이것이 시작되었고 가능했으며 지켜지리라 믿는다면, 나눠어 줄 수 있는 삶을 바란다면, 이 책에 써진 모든 말은, 행복·사랑·진실의 모든 말은, 오직 그 마음에 있다.

일러두기

- 한글 전용을 원칙으로 하되, 필요한 경우 원어나 한자를 병기하였다.
- 한글 맞춤법은 '한글 맞춤법' 및 '표준어 규정'(1988), '표준어 모음'(1990)을 적용하였다.
- 외국의 인명, 지명 등은 국립국어원의 외래어 표기법을 따랐으며, 관례로 굳어진 경우는 예외를 두었다.
- 사용된 기호는 다음과 같다.

  영화, 미술 작품, TV 프로그램, 신문 및 잡지 등 정기 간행물: 〈 〉

  책(단행본): 《 》

프롤로그

느낌과 생각이 살아 움직인다는 걸 우리는 안다. 그 탐색과 혼란, 그리고 포착과 다시 이탈이 우리 삶이라는 것도 안다. 느낌과 생각은 어떻게 만들어지고 운동할까? 하나의 느낌과 여럿의 느낌들이 갈라지거나 합쳐지고, 이전 생각에서 다음 생각으로 옮겨가게 되는 건 어쩐 일일까? 홀로의 시간도, 다른 사람과의 관계도, 사회에서의 활동도, 정치적인 실천도, 이처럼 순간의 경험이 지속되는 흐름으로 구성된다. 이 흐름이 순조롭지만은 않다. 역행과 전복이 빈번하다. 권태 속에서 환희 어린, 그렇기에 고통스러운 기억을 오가며 우리는 시간을 산다(Beckett, 1930/2016). 누구도, 무엇도, 한자리에 그대로 있지 않고 끊임없이 흔들리고 움직이기에 세계는 크고 작은 운동을 계속한다.

이 책은 느낌과 생각이 몸으로 나타나고 텍스트로

표현되면서, 혹은 이 기획들이 침묵하거나 실패하면서, 한 사람이, 여럿이, 그리고 사회가 생성되고 변화하는 과정과 의미를 탐구한다. 이 점에서 '마음의 말'은 마음의 구조에 관심을 두는 사회과학 연구의 훌륭한 노력들과 연관되는 동시에 약간의 거리를 유지한다. 공통적으로 마음에 관심을 두지만, 그것을 구조화된 공간으로 모델링하지는 않는다. 어쩌면 미처 구조화되기 이전에, 혹은 구조화의 범주를 넘어, 마음의 생기와 운동에, 그 위험과 가능성에, 그리고 마음이 자신을 표현하는 말에 세심한 주의를 기울인다.

탐색의 출발점에서 에피소드 몇 개를 들춰 본다.

"희지의 세계"는 젊은 시인 황인찬의 시 제목이면서, 그의 시집(2015) 제목이기도 하다. 모든 이름이 그렇듯, 우연은 필연으로 느껴진다. 그래서 희지의 세계는 기쁨의 땅, 혹은 기쁨의 앎이라는 상상으로 퍼진다. 희지의 세계에는 양들과 목양견 미주와 사는 희지의 저녁이 그려져 있다. 그런 세계일 거다, 기쁨의 땅, 앎의 세계는. 양들이 들어오는 저녁, 기도를 올리고 짧게 사랑을 나눈 뒤 조용한 저녁, 미주의 머리가 뉘인 희지의 하얀 배, 마지막으로 "희지는 혼자 산다." 기억, 기다림, 저물어 가는 황혼, 혼자의 밤. 왜 연인은 줄곧 동물이 되는 걸까. 그리고 그것은 시를 낳는다.

다른 세계로 시선을, 혼자가 아니라 둘의 세계로. 오스카 와일드Oscar Wilde의 《행복한 왕자》는 살아선 화려한 삶을, 죽어선 보석으로 장식된 동상으로 세워진 그를 찬미하는 이름이다. 겨울이 되면서 따뜻한 지방을 향해 날아가던 어느 날 저녁, 왕자의 동상에 머물게 된 제비는 왕자가 흘리는 눈물에 젖는다. 자신의 값비싼 장식물들을 떼어 가난한 사람들에게 나누어 주라는 왕자의 부탁에 따라, 제비는 매일 그의 옷, 칼, 몸 구석구석에 붙어 있던 보석들을 가난한 사람들에게 물어다 준다. 재봉질하는 여인, 아픈 아이, 무명의 젊은 시인. 뜻밖의 알 수 없는 선물을 받은 사람들은 기뻐하지만 그럴수록 왕자 몸은 너덜너덜해진다. 매 순간 제비는 살기 위해서는 따뜻한 지방을 향해 떠나야 한다며 초조해한다. 그러나 매번 왕자의 간곡한 부탁에 그 결심은 좌절된다. 마침내 왕자의 눈을 빛내 주던 마지막 보석인 루비까지도 그의 간절한 청에 의해 울고 있는 성냥팔이 소녀에게 전해진다. "이제 장님이 되셨어요." 제비는 비극을 선고하고 행복을 기약한다. "그러니 제가 언제까지나 당신 곁에 남아 드리겠어요." 제비는 왕자의 눈이 되어, 도시를 날아다니며 바라본 사람들의 이야기를 왕자에게 전해 준다. 왕자와 제비는 서로 깊이 사랑한다. 그리고 비로소 행복하다. 매우 추운 어느 날, 제비는 그가 늘 잠들곤 했던 행복한 왕자의 동상 발치에 얼어 떨어져 죽고 그 순간 납으로 단단하게 만들어졌던 왕자의 심장은 엄청난 소리를 내며 깨진다. 지상에서 가장 아름다운 것으로서 천사의 부름을 받은 왕자와 제비는 천상의 구원을 얻는다.

이미 알려진 바대로 오스카 와일드는 동성애자였다. 당시의 법에 따라 "막중한 풍기문란" 죄명으로 감옥에 갇혔고 출옥한 이후에 가족과 결별하여 병과 가난으로 고통을 겪다가 파리의 작은 호텔 방에서 홀로 죽었다. 그의 "아이들을 위한, 아이들의 마음을 가진 사람들"을 위한 이야기책에는 고통스러운 욕망을 향하는 사람이 희망할 수 있는 사랑과 죽음의 진실이 아름답게 담겨 있다. 《행복한 왕자》를 비롯해 여러 이야기가 실린 《오스카 와일드, 아홉 가지 이야기》에 등장하는 많은 존재들은 '마음이 터져' 죽는다. 나는 살아 견디지 못할 만큼 강렬한 마음이란 무얼까 궁금해한다. 아마도, 행복한 왕자의 말처럼, "불행만큼 큰 신비는 없다."

사랑과 죽음은 반드시 말해지지만 결코 말해질 수 없기도 한 테마다. 이 지점에서 《젊은 베르테르의 고뇌》를 상기할 만하다. 흔히 청순하고 절대적인 사랑의 상징으로 불리는 베르테르이지만, 그의 사랑, 삶과 죽음에는 훨씬 깊은 심연이 있다.

베르테르에게 사랑은 무의지적으로, 죽음은 결단을 통해 온다. 그는 강렬하며 때론 추한 사랑을 온몸으로 살고 죽는 인간들을 겪는다. 베르테르와 마찬가지로 로테를 흠모하다가 미쳐서 벌판을 헤매며 꽃을 따는 사나이, 주인마님을 사모하다가 그녀를 억지로 범하려는 시도로 체포되는 하인, 그리고 무엇보다도 절망스러운 고뇌에 버려진 베르테르 자신. 로테와 단 한 번이자 마지막의 키스를 나눈 후 자살을 하게 되기까지 그는 사랑의 희열과 비극을 체험하고 편지를 쓴다. 오늘날까지도 젊은 베르테르의 고뇌가 사랑에 관한 진실로 사유되는 데는 그것이 기다림, 불안, 절망, 행복의 원초적 진실을 알려 주기 때문이다. 예를 들어 《사랑의 단상*Fragments d'un discours amoureux*》에서 롤랑 바르트Roland Barthes는 베르테르의 말을 빌어 이렇게 쓴다. "마음은 계속해서 **내게** 남아 있는 것이며, 이 마음속에 깊이 간직되어 있는 마음, 그것이 바로 '잊혀지지 않는' 마음이다." 이어서 "사랑하는 사람과 어린아이만이 **잊혀지지 않는 마음**을 갖고 있다"(Barthes, 1977/2004: 86. 원저자의 강조).

마지막으로 요즘의 노래 한 조각. 빌리 아일리시

Billie Eilish는 미국 출신의 젊은 여성(2001년생)이면서 유튜브 조회수 1억을 넘는 인기를 세계적으로 누리고 패션 잡지 〈보그*Vogue*〉의 표지 모델에도 등장하는 스타 뮤지션이다. 올해 1월에 열린 제62회 그래미상 시상식에 관한 국내 보도는 BTS가 한국인 최초로 무대로 선다는 흥분으로 점철되었지만 막상 화제의 주인공은 최연소 수상 4관왕을 수상한 빌리 아일리시였다(참고로, BTS와 콜라보에 대한 의향을 묻는 제안을 빌리 아일리시는 쿨하게 튕겼다).

내가 빌리 아일리시에게 관심을 가지는 지점은 스펙터클한 대중성보다는 그녀가 표현하는 우울의 세계다. 그녀의 음악 세계는 매우 어둡고 슬프다, 그래서 자연스럽다고도 할 수 있다. "Ocean Eyes," "Bury a Friend," "Don't Smile at Me," "When We All Fall Asleep, Where Do We Go?" 등의 노래와 앨범의 제목들에서 느낄 수 있듯이 고독과 절망이 주제다. 그녀는 "나는 틀에 박힌 정상적인 삶은 절대 원하지 않아"라고 말한다. 의복의 기능 대신 과장된 표현성만 남은 듯한 옷을 입고 — 하긴 노란색 자루도, 검은색 풍선도, 연두색 비닐도, 사람이 입는 순간 옷이 된다 — 푸른 형광빛으로 머리를 염색했으며, 꺾어지고 비틀어진 몸짓으로 사랑과 이별을, 무덤과 지옥을 노래 부른다. 그녀의 유튜브 뮤직 사이트에는 팬들이 남긴

넋두리와 감동이 가득하다. 아마도 자신의 우울을 체감하고 이해하며 공유하는 데서 오는 안도감이 있는 듯하다. 그것이 자본주의든, 신자유주의든, 잠들지 못하는 사회든, 삶의 본질이든 간에, 생명의 안에서 젊은 영혼들이 벌이는 애절하고 순수한 느낌의 세계다. 그녀의 노래 안에 담긴 정서가 우울이 아니라 우울이 노래를 도발한다고, 나는 느낀다.

정동은 경험과 표현을 만드는 힘이지 그 산물이 아니다.

사회는 마음과 말로 만들어진 거대한, 복잡한, 모호한, 추악하고 아름다운 세계다. 우리가 나름의 의미를 지닌 세포 덩어리로 살 수 있는 힘은 진실의 현실적 부재를 깨닫는 투명과 용기, 그럼에도 진실을 향하고 빛을 줄 아는 인내 어린 상상에서 나온다. 그 느낌, 생각, 행위들이 한데 엉켜 발버둥치는 관계적 공간이 사회다. 그래서 그 사회를 이해하고자 한다면 체계나 구조처럼 명확한 추상 영역뿐 아니라 서로 다른 크기나 방향을 가진 힘들이 공존하여 다투거나 어우러지는 살아 있는 현장이 해석되어야 한다.

이 책은 기성의 이념 질서에 근거를 둔 정치 제도의 모순을, 젠더와 세대 같은 사회적 범주에 준거를 둔 운동의 한계를, 자본과 기술의 지배적인 권력이 주도하는 문화의 위험을 지적한다. 당연한 듯 전제되는 규준에 비판적인 물음을 던지고, 이미-언제나 우리의 삶 안에서 꿈틀대는 새로운 모색과 상상, 적어도 회의와 질문의 창발적 계기들에 성실하게 다가가고자 한다. 변화는 그렇게 작은 균열과 용기에 어떤 빛과 공기를 쐬어 어느 방향으로 키워 나가는가 하는 숙의와 행동에서 시작되고 지속된다. 그리고 문제가 근원적일수록 지향은 단순해진다. 행복, 사랑, 진실처럼 오래된 — 그만큼 인간이 매번 실패하면서도 결코 놓을 수 없는 절대적인 — 가치가 소환될 수밖에 없는 이유다.

정동 이론의 역사는 무척 길고 다양하다. 서구 철학의 전통에서는 고대 그리스로까지 올라가며 그 뿌리와 갈래는 무척 왕성하다. 한국 역사의 맥락에서도 "염아지독念我之獨"(유리왕)이나 "다정도 병"(이조년) 같은 서정적인 문학 작품으로부터 '心'에 관한 철학까지 이에 연관된 사유의 역사는 매우 길다.

이 심오한 뿌리와 갈래를 존중하면서도, 나는 정동의 철학적 역사를 추적하지는 않는다. 대신 과거의 기억을 불러오거나 미래의 상상을 끌어당기면서 두툼하게 엉킨 현재의 뫼비우스 띠에 살아 있는 마음과 말을 경청한다. 사람은 나름의 경험을 하고 각개의 언어로 그 경험을 표현한다. 이를테면, 황정은의 소설《디디의 우산》에서처럼 우연히 빌려 온 우산이 사랑을 부르듯이. 그리고 아침에 마시다 놓고 간 빈 찻잔이 그녀의 황망한 죽음을 대체하며 앞으로 다가올 모든 고통을 예기하듯이.

그러므로 모든 시간들이 내재한 시간의 경험으로서, 지금의 마음과 현재의 말이 중요하다. 이들에 접근하기 위해 현실적인 갈등과 모순이 깨끗하게 부인되는 청정한 공간에 대한 미망을 벗어나는 일이 우선되어야 할 것이다. 전투와 경쟁의 서사로 사회를 단순화하고 승패의 운명으로 규정짓는 논리 역시 위험하다. 대신 무엇인가와 조우하고, 이 관계를 의미화하고, 그 무게를 사유하는 마음가짐이 소중할 것이다. 마음가짐이란 곧 정동이고 그 실천이다.

삶의 느낌과 경험은 표현이 된다. 표현expression은 재현representation이나 반영reflection이 아니다. 그래서 정확이나 왜곡이 말해질 순 없다. 실재의 묘사가 아니라 느낌과 생각의 개입에 의해서 고유한 방식으로 현실화되는 것이기 때문이다. 기존의 사상事象이 언어로 파생되는 것이 아니라, 표현에 의해 경험과 의미가 형성된다. 따라서 그 생성의 질과 강도가 사유되어져야 한다.

또한 마음의 말은 현실의 권력 질서와 본질적으로 관련된다. 누구든 마음먹은 대로 말한다고 해서 무한한 자유에서 독보적인 창조가 이뤄지는 건 아니란 뜻이다. 주디스 버틀러Judith Butler의 통찰처럼, 애초에 나는 내가 만들지도 선택하지도 않은 언어 속에 던져졌다. 따라서 주체가 자신을 감각하고 타인에게 말을 걸고 들으며 누군가의 말을 열어 나가는 모든 과정은, 자신이 소외된 언어로 자신을 잣고 뱉는 처절한 탈주체화의 과정이다. 심지어 일단 태어난 모든 말은 복잡다단한 사회 체계와 권력 구조를 헤쳐 나가는 운명을 밟아 나가게 된다. 그 행로에서 어떤 말은 찬란하게 빛나지만 많은 말들은 사라지고 흐려지거나 길을 잃고 빗나가기도 한다. 또 어떤 말은 호의와 다정으로 환영받지만 다른 어떤 말은 공해와 폭력으로 변질되기도 한다. 다시 말해 담론은 곧 권력이기에 담론의 진실을 추구하기 위해서는 정치, 사회, 문화, 경제적 조건에 대한 비판적인 사고와 독창적인 대안이 언제나, 담론 영역의 안팎에서, 추진되어야 한다.

승자의 완벽한 무기가 아니라, 약한 자 — 그러니 결국 모든 자 — 가 자아낸 역능이 만들어져 행하는 모든 느낌, 말, 행동이 정동이다. 이 책은 이처럼 드넓은 세계를 형성하고 작동시키는 원천적 생기로서, 마음과 말에 대해 논한다.

이 책은 정동의 이론에 관한 Ⅰ부와 그 시각에서 문화·사회·정치 현상을 비평한 Ⅱ부로 구성된다. Ⅰ부에서 정동의 의미와 성격, 사회적 실천과 미학, 윤리와 정치에 대해 논한다. 지금까지 나열된 여러 단어들 — 생각, 감각, 느낌, 경험, 표현 — 을 포용하는 개념으로서 '정동'을 제안하면서, 그 뜻과 기능을 살펴본다. Ⅱ부의 각 장들은 그 논의의 흐름에 상응하는 실제 사례들을 담고 있다. 근본적인 것은 단순하다. 쉽다는 말은 아니다. 가능의 한계라는 점에서의 근본이며, 그 경계에 선 인간은 단지 짧은 간투間投를 할 수 있을 뿐이다. 그러한 단순함이 선택되었다. 행복, 사랑, 진실이 그것이다.

'행복'은 행복 장치로 포화된 자본주의 사회에서, 그리고 그것을 갈망하도록 만드는 신자유주의 체제에서, 현재에 흡수되기보다는 그것을 넘어설 수 있도록 상상하고 추구하는 동인으로서 행복의 가치를 논한다. 행복과 자연스럽게 이어지며 '사랑'은 몸과 권력의 쟁점을 취한다. 다름이 공존함으로써 새로이 태어난 세계로 사랑을 해석한다. 나아가 사랑의 윤리적 실천으로서 새로운 관계의 발명의 가능성이 제안된다. 탈주는 일시에 바깥에서 터지기보다는 항상 내재적으로 진행 중이라는 믿음에서, 마지막 장은 '진실'에 할애된다. 진실이 위기라는 일반적 진단을 넘어, 어느 시대나 사회에서도 통치와 저항의 길항 속에서 진실은 추구되며 지금의 여기에서도 여전히 진행되고 있음을 주장한다. 특히 한국 현대사에서 역사적 변화에 대한 진실 실천의 형태를 비교 분석함으로써, 자유와 평등이 한국 사회의 정치윤리적 진실로 구축되는 경로를 밝힌다.

이 책이 행복, 사랑, 진실을 논한다고 해서, 난데없이 너도 나도 힘내자는 식의 위로나 선동은 아니다. 오히려 무력과 불능 안에서 무엇을 할 수 있고 해야 하는가, 과연 '한다'는 건 — 혹은 조르조 아감벤Giorgio Agamben(2019)의 주장처럼 '안 한다'는 건 — 무언가, 또한 그것을 어떻게?라는 솔직한 질문에 집중한다. '무엇이든 좋은 대로 노력만 한다면'이라는 식의 낭만적인 무책임도 아니다. 미셸 푸코Michel Foucault가 역설했듯이, 적어도 "이런 식으로, 이들에 의해서, 이런 원칙들의 이름으로, 이런 목표들을 위해, 이런 절차를 통해"서는 아니어야 한다는, 그리고 아마도 다르게 될 수 있으리라는 명철한 비판과 변혁을 내포한다.

마음의 말에는 아무런 계획과 전략도 전제되지 않

는다. 마찬가지로 어떤 사업이나 통제도 보장되지 않는다. 가능이 약속되지 않은 미결정의 시간에 멈추지 않고 지속되는 잠재적인 변화가, 마음의 말이 알 수 있고 할 수 있는 유일한 것이다. 질 들뢰즈Gilles Deleuze의 "견디며 나아감perseverance"의 묘사에서처럼, 정동은 냉철하고 엄격한 의지에서, 환희와 비통의 굴곡에서, 한 번 더 망설이고 걸음을 디디고 고개를 숙인다.

이렇게, 정동은 불가능을 마주한 자유의 결단이다, 그 무심한 몸짓이다.

I

1장

정동이란 무엇인가

“정동은 주체에게 차이와 변화를 낳으며,
관계와 집합을 만드는 근원적인 힘이다.
정동을 성찰적으로 실천하는 윤리적 삶은
창발적이며 자유로울 수 있다.”

© 김예란

느낌들의 움직임, 정동

누군가의, 무엇인가의 느낌, 그 경험, 표현을 모두 아우르는 단어가 정동이다. 이 책에서 자주 쓰일 이 단어는 지금까지 우리에겐 꽤 생소하다. 정동과 유사한 뜻이 일상에서는 정서, 감정, 정념으로 일컬어지기도 하며, 실제 경험에서 정동과 정서, 감정, 정념은 일치할 수도 있다. 기쁨이 정동인지 감정인지를 구분하는 일은 까다로울 뿐 아니라 어쩌면 그다지 의미 있지도 않다. 어떠한 것이 정동인지 혹은 감정, 정서, 정념인지는 대부분 경험의 실질적인 차이라기보다는 어떤 시각에서 그 경험을 해석하는지에 따라 달라진다.

감정과 정서가 어떤 상태를 가리키는 정적인 개념

으로 사용된다면, 정동情動/affect은 문자 그대로 정지된 상태가 아니라 움직임이다. 슬픔을 고정된 상태로 본다면 감정이나 정서로 부를 수 있고, 끊임없이 생성, 운동, 변화하는 역동체로 본다면 정동이라고 이해할 수 있다. 정동은 어떤 정해진 상태로서가 아니라 그 자체가 생겨나고 요동치거나 잠잠해지고 사라지는가 하면 다시 새로운 무언가 마음에 떠오르는 생성적, 운동적, 변화적인 개념이다. 따라서 정동은 움직이는 느낌, 느낌의 운동이라고 할 수 있다. 정동은 특정 대상을 부르기 위한 새로운 단어가 아니다. 예전부터 우리가 친숙하게 알고 있던 느낌을 역동적인 시각에서 이해하고자 하는 해석의 전환이다.

왜 굳이 새로운 해석이 필요한지를 이해하기 위해, 정동에 대해 조금 더 깊게 생각해 보자.

우리말로 정동이라는 단어는 매우 낯설지만, 알파벳 언어권에서의 쓰임새를 참고하면 그 의미를 훨씬 쉽게 납득할 수 있다. 정동의 서구식 개념은 '어펙트affect'다. '영향을 주다' 정도로 번역되는 이 단어의 기본적인 뜻 자체가 정동의 의미임을 알 수 있다. 질 들뢰즈(1986/1988)의 간명한 설명처럼, 정동은 "힘을 가하고 힘을 받는 역량power to affect and to be affected"을 뜻하기 때문이다. 누구의 정동이 작동한다는 것은, 타자의 영향을 받을 수 있고

to be affected 동시에 타자에게 영향을 줄 수 있음to affect을 뜻한다. 이처럼 영향을 주고받는 상관 작용을 의미하므로 정동은 근원적으로 '관계적relational'이다. 정동은 관계 안에서 상호 작용함, 또는 서로 작용하여 관계를 만듦을 뜻한다. 다시 말해, 정동은 관계의 차원에서 '있음'을, 작용의 차원에서 '하기'를 가능하게 하는 힘이다.

흔히 심리학에서 정서나 감정이 개인 단위의 소유 대상으로 고정되는 데 반해 정동에서는 초개체적인 차원에서 진행되는 관계성과 운동성이 중요하게 고려된다.• 정서가 개인의 단위성을 강조하는 데 비해 정동은 개인의 단위를 해체한다. 정동은 개인보다 작거나 낮게, '아래infra'에서 파고들어 내재적으로 분열하거나, 반대로 개인을 넘어서 집합적으로 확장, 공유, 산포한다(Clough, 2007). 개인보다 작거나 클 수는 있지만 개인의 단위로 획정되지

• 이 개념들은 언어권과 학문 분야에 따라 다소 혼란스럽게 사용된다. 관점에 따라, 이미 운동성을 함축하는 단어인 e-motion에 인간의 비/물질적 역동과 사회적 집단성이 내포된다고 보며 정동과 정서를 혼용하는 입장도 있지만(예컨대 Ahmed, 2004), 이 글에서는 논리적 명확성을 살리고자 양자를 구분한 질 들뢰즈와 펠릭스 가타리Félix Guattari(1991/1994)의 논의를 따른다. 따라서 정서는 개인 내면 안에 고정된 정체로, 정동은 내적으로는 개인을 해체하며 외적으로는 사회적 다수로 확산하는 힘과 운동으로 구분된다.

는 않는다는 뜻이다. 따라서 정동 작용은 주체의 감각을 가로질러cross-sensitivities 초개체의 차원에서 욕망을 변이, 확장trans-desires시킨다(Massumi, 2014). 정서가 개인에게 고정된 소유물로 인지되고 정적인 상태로 객체화된다면 정동은 존재의 '되어 가기'의 과정을 이끄는 생성적이고 능동적인 역능이고 강도다(Deleuze & Guattari, 1991/1994).

정동이 살아 있기에 우리의 '있기(존재)'나 '하기(행위)'가 가능하다. 맺게 되는 관계성에 따라 내 몸과 영혼은 끊임없이 생성, 변화, 소진한다. 바람이 매서울 때 두렵고, 사랑하는 사람이 있을 때 기쁘며, 더욱이 자기와의 관계 안에서조차 자아 정동self-affect이 작동한다. 그렇게 나는 자아와 타아를 포함하는 누구 또는 무엇과 관계 맺고 교호하면서 끊임없는 변화의 과정을 겪어나간다. 살아간다는 것은 이 관계적이고 변화적인 과정의 지속에 다름 아니다. 정동은 몸들 사이의 마주침에서 관계가 형성되면서, 서로 주거나 받아 엮이는 관계에 대한 경험이고 지각이며 그 과정에서 일어나는 변화다.

그럼 정동은 어떻게 나타나는가? 어떻게 정동을 알 수 있나? 이는 우리가 슬픔이나 기쁨을 느끼는 원리를 생각해 보면 쉽게 짐작할 수 있다. 우리가 어떤 내적 혹은 외적 자극에 의해 무언가를 느끼게 될 때, 그 느낌 자체는 만질 수도 볼 수도 없다. 그러나 나는 느낌을 안다. 기쁨인지 슬픔인지 분간할 수 없는 복합적인 덩어리가 마음에 떠오를 때조차도 '형언할 수 없는' 무언가가 있다는 걸 우리는 그저, 그리고 분명하게 '안다.' 정동이 실체화된다면 이는 몸으로 직접 나타날 때다. 포근할 때 근육이 부드러워지거나 긴장할 때 손끝이 떨리는 식으로 정동은 몸을 움직인다. F. 스콧 피츠제럴드F. Scott Fitzgerald의 소설 《밤은 부드러워라*Tender Is the Night*》에서 딕이 헤어진 지 4년 만에 사랑했던 젊은 여인 로즈메리를 우연히 마주친 순간, 미처 그녀를 알아보기 전에 "몸이 먼저 안다." 그리고 이러한 정동과 몸의 작용은 정신과 언어의 기능과 결합해서 생각되고 표현될 수 있는 형태로 정교하게 의미화된다.

들뢰즈는 스피노자의 이론에서 정동과 관련된 두 가지 개념을 이끌어 낸다. '아펙티오affectio'와 '아펙투스affectus'가 그것이다. 우리말로는 미처 정리되지 못한 채 다양한 방식으로 번역해 왔지만, 여기에서는 아펙티오를 '정념affection,' 아펙투스를 '정동affect'으로 사용하기로 한다. 아펙투스, 즉 정동은 마음에서 일어나는 변화의 과정 또는 그것을 느끼는 경험을 의미한다. 아펙티오, 즉 정념은 정동의 실체나 속성이 형태화되는 '양식mode'을 의미한다. 흔히 정념이 몸을 가리킨다면 정동은 마음과 연관된다고 간주되곤 한다. 그러나 더욱 중요한 차이는 '형상'으로서의 정념과 느끼는 '행위'로서 정동에 있다고, 들뢰즈는 강조한다. 정념이 영향을 받은 몸의 상태라면(슬픔이 형상화된 창백한 얼굴), 정동은 서로 영향을 주는 몸들 사이의 상관작용을 의미한다(몸들이 함께하도록 이끄는 기쁨)(Deleuze, 2001: 48~49). 정념은 '있고be,' 정동은 '한다do.'

기억과 사유에 대한 사뮈엘 베케트Samuel Beckett의 표현을 빈다면, 정동은 "보이지 않는 실재"(Beckett, 1930/2016)다. 그렇다면 보이지 않는 실재란 무슨 뜻일까? 실재reality에는 두 가지가 있는데, 그것은 '현실적인 실재actual reality'와 '가상적인 실재virtual reality'다(Lévy, 1998). 현실은 우리가 보고 만지고 냄새 맡을 수 있는, 즉 지각이 가능한 물질적 실체로 구성되어 있다. 갈색의 땅, 저녁 새의 울음소리, 향기로운 아이의 볼, 부드러운 모래는 시각, 청각, 후각, 미각, 촉각 그리고 공감각으로 지각되는 현실적인 실재다. 이와 달리 가상은 존재하여 느끼고 알 수 있지만 지각되지 않는다. 꿈, 생각, 상상처럼 인간의 내면에서 경험되는 고전적인 형태에서부터 사이버공간이나 VR(virtual reality)처럼 첨단 테크놀로지에 매개되는 형태까지 가상의 유형은 다양하다.

정동은 느낌과 생각의 운동이기에, 격렬한 움직임

을 알 수는 있을지언정 실체적으로 감각될 수는 없다. 이처럼 정동은 물리적으로 드러나지 않고, 존재의 내부에서 작동하기에 '내재적immanent'이며 '가상적'이다. 이러한 정동이 지각되기 위해선 몸으로 표현되거나 언어로 재현되는 방식을 취한다. 기쁨으로 흐르는 눈물, 슬픔 때문에 빳빳해지는 몸, 분노가 낳은 침묵마저도 정동이 표현된 물리적 형태다.

정동의 표출에 의해 비로소 아름다운 세계가 구성된다. 오스카 와일드의 《나이팅게일과 장미》를 보자. 한 젊은이를 홀로 사랑한 작은 새 나이팅게일은 그가 다른 여성을 유혹하기 위해 필사적으로 구하는 붉은 장미를 대신 구해 주기로 결심한다. 모든 방법을 시도했지만 붉은 장미를 찾는 데 실패한 나이팅게일은 유일한 방법으로써 밝은 보름달이 뜨는 밤, 자신의 가슴을 흰 장미의 가시에 박고 아름다운 소리로 노래한다(혹은 울부짖는다). 새가 피를 흘리며 죽음을 맞이할 때, 흰 장미나무에서 세상에서 가장 아름다운 붉은 장미꽃이 피어난다. 슬픈 사랑과 열정으로 새와 흰 장미나무가 연결되고 흰 장미꽃이 붉은 장미꽃으로 변화하며 활짝 피어나는 시간, 이 모든 진실을 젊은이는 전혀 알지 못한다는 사실, 이 모든 요소들은 정동의 관계, 운동, 표현, 그리고 그것이 공유되거나 단절되는 관계에서 형성되는 세계를 삶과 죽음의 빛깔과 노래로 표현한다.

정동의 운동력은, 개인의 경계를 허물고 뚫으면서, 집합적이고 사회적인 차원으로 확장될 수 있다. 역사의 중요 계기마다 정치적 폭력의 비통함을 뼈저리게 느끼는 경험이 공동으로 분유分有되었듯이, 정동의 탈개체적, 간주체적, 초집합적인 작용은 개인이라는 (허구적) 경계를 허물며 사회적인 공간을 전류처럼 휘감는다.

차이와 연결

정동을 아는 일이 왜 중요할까? 정동 탐구의 의미를 이해하기 위해 정동의 기능을 탐구해 본다.

우선 정동은 타인이나 세상과의 관계를 만들어 준다. 햇볕이 따뜻하게 손등을 간질일 때 좋다. 사랑하는 친구를 만날 때 기쁘다. 그런가 하면 미워하는 자를 마주치면 기분이 내내 언짢다. 정동은 세상 안의 나를, 내 안의 세상을 만든다. 그리고 정동은 나와 나, 나와 타인, 나와 세계 사이에 관계를 만든다. 애착과 혐오의 관계를 만든다는 점에서 정동과 욕망이 유사할 순 있지만 둘은 분명히 다르다. 욕망은 그 대상이 있는 반면 정동은 그 대상으로부터 상대적인 자율성을 지닌다. 가령 나의 '욕망'의 대상은 외부에 있으며(그 또는 그녀, 명예, 달콤한 마카롱) 그 대상에 종속되지만, 그로부터 느끼는 '정동'은 내 마음의 작용으로서 자발적이고 내재적이다. 따라서 그 구체적인 대상의 현전 또는 상실과 무관하게 내 정동은 유지되거나 변화할 수 있다.

이로부터 정동의 시간성과 그에 연동하는 운동의 과정성이 성립한다. 정동의 시간성은 '순간instant,' '순수한 본질'로서 '영원eternity,' 그리고 외연의 존재 양식인 '지속duration'으로 구성된다. 이러하다고 해서 영원이 나중에서야 오는 궁극의 무엇인 것은 아니다. 영원은 매 순간과 동시적으로 있다. 세 개의 시간성이 의미하는 바는 정동은 특정한 감정이 고정된 개별적 단계나 단면이 아니라 그것을 내려가거나 올라가는 운동의 과정passage이라는 점이다. 그리고 그 과정의 매 순간에는 영원의 본질이 있으며, 외연적 지속은 계속되는 변화 안에 있다.

정동의 지속적인 운동과 변화가 '선율'을 이룬다면 정동의 선율을 이루는 두 축은 기쁨과 슬픔이다(Deleuze, 1988; 2001).* 정동이 삶의 운동을 이끄는 힘이라 할 때, 기

• 이와 유사하게 알랭 바디우Alain Badiou는 '기쁨'과 '고통'이 '의지'와

뻠과 슬픔은 정동의 가장 근본적인 역학을 만든다. 스피노자에 따르면 기쁨은 삶의 기운을 높여 주는 힘이다. 기쁨은 마치 다이빙을 위해 밟아 쳐 오르는 스프링보드처럼 순간적이며 강렬한 비약을 만든다. 지속적으로 내려가는 성질을 지니는 슬픔은 삶의 기운을 낮춘다(Deleuze, 1978~1981). 기쁨은 행동하는 힘이 증가하며 보다 완전함으로 나아가는 '과정'이고, 슬픔은 행동하는 힘이 감소하는 저하 '과정'이다(Deleuze, 2001: 50). 이처럼 '느끼는 정동feeling affect'이 사유와 결합하면, 기쁨은 사랑으로, 슬픔은 미움으로 구체화된다(Deleuze, 2001: 50). 또한 힘의 상호성에 관련해서, 기쁨은 능동적인 속성을, 슬픔은 수동적인 속성을 지닌다. 바꾸어 말하면 기쁨과 슬픔을 아우르며 일어나는 상호적인 힘의 증감 운동이 곧 정동이다.

정동이 기쁨과 슬픔의 복합적인 연속체라는 사실은, 정동이 단일하게 구획되는 감정의 단위가 아니며, 기쁨과 슬픔의 상태를 계속해서 오르락내리락 움직이고 견디는, 지속적인 운동력임을 알려 준다. 이렇듯 정동은 능동적-수동적인 차원들을 교차하고, 서로 다른 높낮이를

함께, 데카르트 이후 발전한 '고전적인 정념론'의 근간을 이루는 '주체의 능력'이라고 설명한다(Badiou, 1998/2013: 228~232).

움직이며 다양한 삶의 경험들을 만들어 낸다.

또한 정동은 본질적으로 관계적이기에 이로부터 집합성이 구성된다. 어느 역사의 순간들에서도 발견할 수 있듯이, 누군가가 죽음을 당했을 때 그를 그리워하는 사람들은 다 같이 애도한다. 누군가가 억울한 일로 고통당할 때, 그녀를 지지하는 사람들은 함께 모인다. 부당한 일에 대한 분노로 인해 거대한 정치적 연대와 운동이 일어나기도 한다. 그러고 보면 사회 활동의 상당 부분이 이성적 판단이나 전략적 이해관계 못지않게 기쁨과 슬픔을 포함하는 정동을 매개로 해서 구성된다.

정동은 한 개인의 내적 소유물이 아니며 반드시 사회 안에서 관계적이며 집합적으로 작용한다. 정동은 무한한 생성, 변화, 분열과 증식을 낳는다. 켄 힐리스Ken Hillis와 동료들(2015: 3)은 이렇듯 '인간 및 기계가 개인적, 집합적, 담론적으로 교통하고 네트워크화되어 서로 영향을 주고받고 변형되는 방식'을 지목하며 이를 "정동 네트워크networked affect"라고 부른다. 정동 네트워크의 특징은 "강렬, 센세이션, 가치"에서 찾아진다(Hillis, Paasonen, & Petit, 2015). 들뢰즈와 가타리의 절묘한 톱니바퀴 비유에서처럼, 정동 네트워크는 구조와 주체, 담론과 실재, 제도와 행위자 간의 상호 작용이 연동하는 '사회 기계'로 가동한다(Sauvagnargues, 2009/2016). 특정한 성격의 정동 네트워크는 특정한 사회·역사적 대락에서 특정한 구성 요소의 관계 작용을 통해 형성되어 특정한 방식으로 작동하며 특정한 효과를 낳는다.

정리하면 정동은 주체에게 차이와 변화를 낳으며, 관계와 집합을 만드는 근원적인 힘이다. 많은 조우와 관계 속에서 기쁨과 슬픔, 환희와 고통의 정동 작용을 거치며 개체적이고 집합적인 삶이 이뤄진다. 궁극적으로는 수많은 굴곡을 겪으며 삶을 지속해 나가는 원천적인 힘이 정동이다. 들뢰즈가 정동의 운동을 "인내perseverance"라고 본 시각은 이 점에서 지극히 정확하다.

정동과 윤리

정동이 그토록 강렬한 운동과 관계라면, 그에 대한 판단은 어떻게 만들어지는 걸까. 흔히 나쁜 정동(혐오, 모욕 등), 좋은 정동(희망, 우정)이란 표현이 쓰이지만, 실재하지도 않고 주체의 통제를 넘어선 채 격렬하게 운동하는 느낌에 대해 과연 누가, 어떤 근거에서, 좋고 나쁨을 따질 수 있을까.

이 문제와 관련해서 윤리의 개념부터 확인해 보

자. 윤리란 "무엇을 바라는가"(Nietzsche, 1901/1988) 또는 "무엇을 할 수 있는가"라는 "원망願望"과 "가능"에 대한 사유다(Deleuze, 1983). 들뢰즈(1983)의 단언처럼 윤리는 도덕이나 규칙이 아니라, 무엇을 할 수 있는가, 무엇을 하고자 뜻하는가라는 열망과 의지 그리고 그것을 추진하는 역능에 관련된다.

정동에 대한 사유에서 윤리가 중요한 이유는 정동이 느낌의 움직임으로서 원망과 가능에 따라 움직이고, 원망과 가능을 낳기 때문이다. 그래서 언뜻 정동에 대해서는 옳고 그름을 판단할 수 없다고 생각된다. 대신에 좋음과 싫음의 기준이 더 알맞게 적용된다(Deleuze, 2001). 그러나 더 나아가, 이러한 좋음과 싫음은 가치 판단과 정당성을 포함하는 합리성의 영역과 긴밀하게 연관된다. 나에게 기쁨이나 슬픔을 주는 관계에 대해 이성적인 평가가 개입되고, 자신에게 이익 또는 훼손을 가져다주는 대상에 대해 엄정한 평가가 수반된다(정동에 대한 가치 판단 및 정당성의 문제는 정동과 정치에 관한 3장에서 다룬다).

따라서 좋음과 나쁨이 일시적인 선호에 따르는 무책임한 태도는 아니다. 무엇인가가 나의 본질에 합당하면 좋음이고, 나의 본질을 해체하고 훼손하면 나쁨에 해당한다. 존재의 "영원하고 고유한 본질eternal and singular essence," 그 자체가 "영원한 진실eternal truth"로서 합리성을 규정하기 때문이다(Deleuze, 2001: 40). 궁극적으로 정동의 가치화로서 진실에 준거한 윤리가 요청된다.

윤리는 주체가 자신과 맺는 정신적·육체적인 관계를 구성하고 실행하는 과정에서 형성되고 추진된다. 따라서 윤리에서의 가치 판단과 의미 설정은 주체의 입장에서 결정되고 수행된다. 또한 주체가 윤리를 실행하는 원리 및 방법론 역시 자아와의 관계 안에서 형성되고 실천된다. 그렇다면 윤리에서는 왜 이토록 주체 그리고 '주체의 실천practice of the self'이 강조될까? 가령 윤리적인 삶이란 자신을 중심으로 하여 자신만을 위해 추진하는 삶, 또는 자신을 희석한 채 오로지 일반화된 규범에 충실하게 순응하는 삶의 태도들과 어떻게 다를까?

미셸 푸코는 윤리적 주체성의 구성 요소를 "윤리의 실체," "주체화subjectification의 양식," "자기 형성의 기술," "목적telos"으로 정의했다(Foucault, 1998). 이때 윤리는 자신의 삶을 재료로, 자신과의 관계 안에서, 자신의 심신 수행을 통해, 자신의 아름다운 삶을 이루기 위한 목적을 향해 실행되는 모든 방법론과 효과를 의미한다.

푸코의 논의에서 첫째, 윤리는 객관적이고 보편적인 도덕 규범과 구분된다. 푸코의 윤리적 주체는 주체가 자아와 맺는 관계가 "궁극"의 목적으로 "절대화"되는 가운데, 그러한 "자아의 실천"이 "삶의 기술"을 이루는 근거 위에서, 자신의 사회적 위치와 역할을 설계하고 실천한다(Foucault, 2005). 그는 자신의 삶을 이해하고 기획하며 실천하는 방향과 방법을 (도덕에서처럼 객관적 규범을 준수하기보다는) 스스로 발명하고 통솔한다. 따라서 윤리의 실천은 독창적이고 창발적이다.

둘째, 푸코에게 주체란 단지 지식과 권력 체제 안에서 주어지거나 주조되는 대상이 아니라 "바깥"으로부터의 사유, 혹은 "외부"가 기입되어 형성되는 존재다(Deleuze, 1986/1988; Foucault & Blanchot, 1989). 이러한 윤리와 주체의 개념을 고려한다면 윤리적 주체는 이미 규범으로 정해지거나 주어진 것 외의 가치를 상상하고 그것을 위해 노력한다. 따라서 진정한 윤리는 규범에 종속되거나 보수적일 수 없다. 급진적이고 실험적이다.

예를 들어 오스카 와일드의 행복한 왕자와 제비처럼, 규범, 규칙, 관습에 의해 미리 정해진 형태의 행복 외에 다른 행복을 상상하여 바라고 그 실현을 위해 고투하는 과정이 행복의 윤리적 실천이다. 행복의 윤리적 주체가 행복의 도덕적 주체와 결별하는 중요한 기준은 주어진 질서와 체제를 가로질러 넘어서며 지향하는 창발성과 외부성에 있다. 따라서 행복의 윤리 실천은 주체의 삶의 근거, 규칙, 방법론, 목표가 되는 동시에 한 걸음 더 나아가 체제와 조건의 경계를 인식하고 그 너머를 추구하는 정치성을 함축한다.

지금까지의 논의를 정리하면, 정동이란 마음과 몸의 운동이며 그 과정에서 전개되는 관계 작용의 차이화와 변화를 포함한다. 주체는 정동의 부상과 침전이 부단히 일어나는 복잡한 구성물이다(Deleuze, 1978~1981). 정동은 마음과 몸이 발휘하는 원망과 가능으로 발현된다. 따라서 정동을 성찰적으로 실천하는 윤리적 삶은 창발적이며 자유로울 수 있다.

2장

정동과 사회

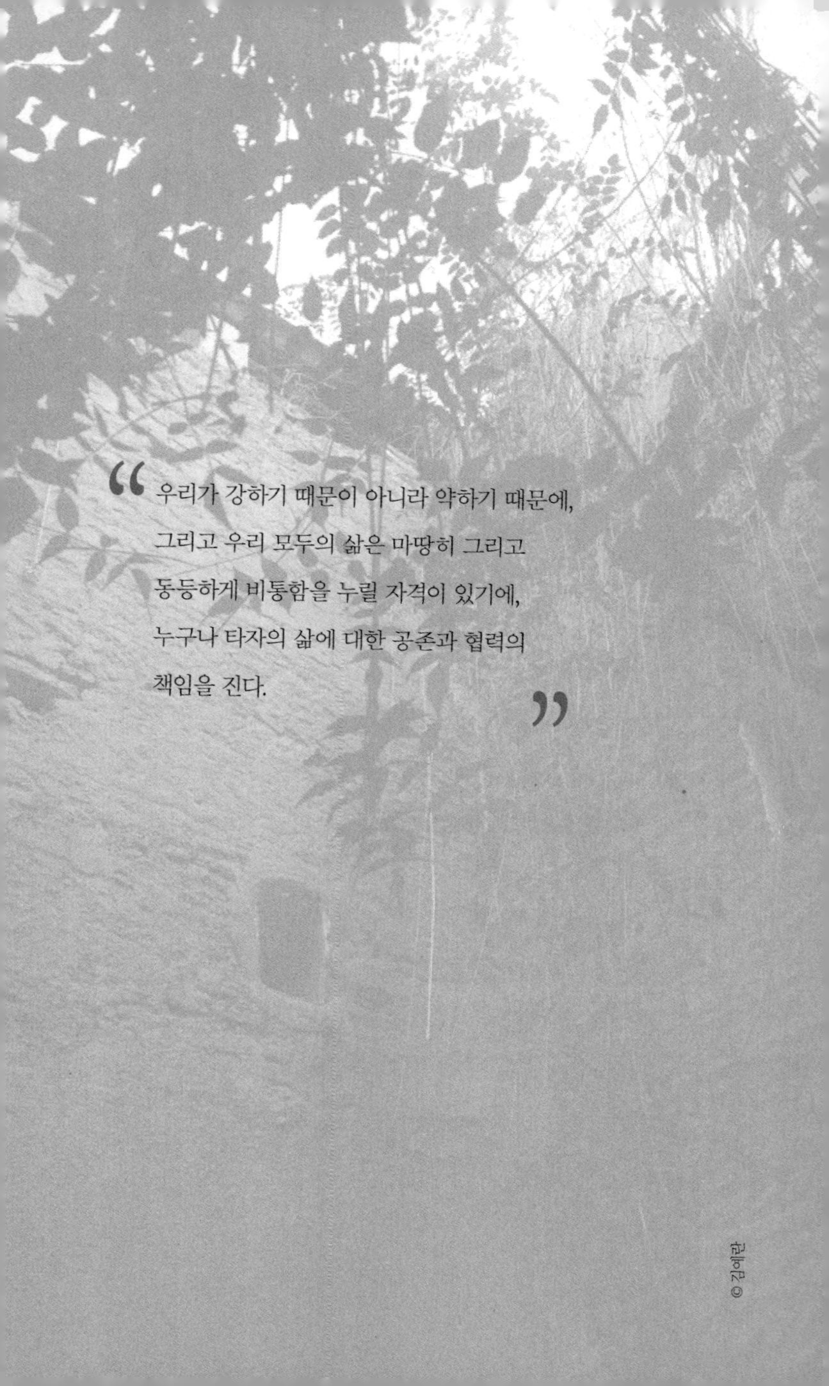

"우리가 강하기 때문이 아니라 약하기 때문에, 그리고 우리 모두의 삶은 마땅히 그리고 동등하게 비통함을 누릴 자격이 있기에, 누구나 타자의 삶에 대한 공존과 협력의 책임을 진다."

© 김예림

느낌의 운동으로서 정동이 주체의 기획이며 외부를 향하는 창발성의 가치를 지닌다는 점을 확인했다. 그러나 정동이 개체의 단독성만을 고집하는 것은 아니다. 오히려 정동은 본질적으로 관계적이고 집합적이기에, 다양하고 다기한 정동들이 어떻게 어울리거나 부딪치는지, 이 과정에서 어떤 사회의 변화가 진행되는지가 중요하다. 단일한 정동이 아니라 서로 다른, 그리고 때로는 충돌하는 정동들의 운동이기에 사회적으로 실천되는 정동의 작용이 더욱 유의미해진다.

긍정과
회귀

차이와 변화를 만드는 삶의 동인으로서 정동의 실천을 이해한다면, 언뜻 삶이 쉬워 보인다. 마음먹기에 따라 어떤 변화가 있을 수 있고 그 변화가 좋은 것이리라는 기대나 믿음도 마음먹기에 따라 가능할 수 있기 때문이다. 이 관점에서 '긍정'이 피곤한 시대의 키워드로 환영받는 이유를 쉽게 짐작할 수 있다. 긍정적인 마음을 가지면 어려운 삶에서도 희망을 가질 수 있다는 식의 논조는 어쨌든 유혹적이다. 이 지점에서 나는 흔히 말하는 긍정과 구별되어야 할 정동의 긍정화의 의미를 강조하고자 한다. 우리말로 긍정이라고 통칭되는 이 단어에는 실상 여러 의미가 혼재한다.

우선 베스트셀러로 진열된 대중 심리학의 서적들에서 접하기 쉬운 '긍정적 마인드'는 대체로 '긍정적 사고 positive thinking'를 가리킨다. 현실이 힘들지라도 마음을 내려놓으면 살아갈 만하다는 위로가 대표적이다. 그러나 모든 게 마음에 달려 있다는 이 주장은 험난하되 엄연한 현실을 무시하고, 가장된 위로에 매달려 생존하도록 만드는 위장의 수사에 지나지 않는다.

따라서 긍정에 대한 다른 접근이 필요하다. '긍정'에 대한 사유로 프리드리히 니체Friedrich Nietzsche의 논의를 참조할 수 있다. 니체가 말하는 긍정은 '어퍼메이션affirmation'으로, 우리말로는 확인, 동의, 지지의 의미다. 두 단어의 차이를 어렴풋하게 감지할 수 있다. 어둠을 보지 말고 밝음(만)을 보기, 또는 고통스러운 것마저도 기쁜 것으로 바꾸기가 통속적인 철학에서 말하는 '포지티브positive'의 유혹적인 기술이다. 이와 달리 니체의 '어퍼머티브affirmative'의 긍정은 지금의 기쁨과 고통, 즉 진실을 보고 깨달아 수긍하기를 제안한다.

또한 니체의 긍정은 순응acceptance과 다르다. 순응은 결코 '아니요'라고는 말할 줄 모르는 낙타가 온갖 짐을 짊어지면서도 이것이 삶의 수고라고 당연시하며 오인하는 데에서 나오는, 안이하고 아둔한 수동성이다. 그렇다면 거짓된 긍정이나 게으른 순응과 구별되는 니체의, 진실한 긍정의 중요한 의미는 현재의 고통, 허위, 불행을 피하거나 부정하지 않고 인정하는 것(거짓의 긍정과 진실한 긍정의 차이), 나아가 그 확인 이후에 그에 굴복하지 않고 그것을 뚫고 넘어서는 의지를 발휘한다(순응과 긍정의 차이)는 점에 있다.

이에 니체의 긍정은 해석적이고 평가적이며 선택적인, 일종의 결단이다. 긍정의 결단성은 현재의 불행과 비극을 계속 살아가도록 하는 미래적인 시간성을 배태한다. 왜냐하면 앞에서 말했듯, 진실한 긍정은 현재를 피하거나 가리지 않고 직시하고 관통하면서 추월하는 운동을 추진하기 때문이다.

평가, 선택, 결단으로 지속되는 이 운동은 니체의 '영원한 회귀'로의 개념(Deleuze, 1983; Nietzsche, 1901/1988)으로 이어진다. 여기에서의 회귀가 반복이 아님을 유의하자. 회귀는 모든 것이 똑같이 계속되고 되풀이되는 식의 동질적이고 획일적인 반복과 다르다. 회귀는 (시간적으로) 이전과, (공간적으로) 다른 것들과 차이를 만들어 내는 생성적 운동이다.

늘 같다고 여겨지는 매일이지만, 실상 똑같은 날이라고는 하루도 없다. 매 순간도 매번 다르다. 10년 전의 나, 다섯 주 전의 나, 어제의 나, 새벽의 나, 바로 직전의 나는 지금의 나와 다르다. 그리고 다음 순간의 나는 분명히 지금의 나와는 또 달라져 있을 것이다. 생물적인 변화가 십 년, 다섯 주, 하루만큼 진행될 뿐 아니라, 내가 겪고 생각하고 만난 많은 사상과 상호 작용을 하면서 크고 작은 변화가 지속되기 때문이다.

시공간적 변화에 관한 활기찬 사례를 저명한 사회학자이자 인류학자인 미셸 드 세르토Michel de Certeau의 도시 걷기의 묘사에서 찾을 수 있다. 그는《일상의 실천*The Practice of Everyday Life*》(1984)에서, 도시의 거리를 걷는 뉴욕 시민들의 몸짓과 행동들이 엮이고 펼쳐지면서 만들어지는 관계적 공간을 섬세하게 관찰했다. 그의 시선을 통해 그려진 사람들은 그 누구도 똑같이 걷지 않는다. 몸짓과 속도의 '리듬'이 제각각이다. 아울러 그들은 도식적인 직선들로 건설된 뉴욕의 도시 공간에서조차 각기 선호하는 샛길을 뚫거나 발견하면서, 자신의 길을 만들고 걷는다. 이렇게 볼 때 뉴욕의 사람들은 무수한 차이들을 무한히 만들어 내는 주체들이다. 그리고 뉴욕은 무수한 차이들이 무한정 만들어지고 긍정화되는 공간이다. 이렇듯 차이의 생성, 변화, 긍정을 포함하는 개념이 회귀다. 그래서 회귀에서는 '다수성'과 '다양성'이 긍정된다.

다수성과 다양성에 이은 회귀의 또 하나 본질은 '선택성'에 있다. 이미 벌어져 행해진 것에서 선택된 것만이 되풀이된다. 선택된 것만이 긍정되어 다시 생성하는 방식으로 재생되므로, 선택은 긍정을 가능하도록 만드는 핵심 요소다. 선택성이 있기에, 회귀는 주어진 질서 그대로 되풀이되지 않을 수 있다. 선택을 통해 주체는 좋고 나쁨을 평가하고 판단하여 그중 좋음을 실행할 수 있는 자유를 확보할 수 있다. 이렇게 회귀란 다양한 다수들 안에서 행해

지는 선택으로서 긍정이다. 많은 다른 것들 가운데 선택된 그것만이 '다시 되어 간다.'

긍정이 무차별적이거나 맹목적이지 않으며 선택적이라는 사실은 긍정이 차이를 생성하는 과정임을 의미한다. 즉 긍정은 차이화differentiation와 창조creation에 다름 아니다.

영원한 회귀에서 진행되는 차이화와 창조는 어떤 효과를 지닐까? 앞에서 제시된 차이에 대한 두 가지 사례 — 시간에 따라 변화하는 나와 차이가 실천되는 공간으로서 뉴욕 — 를 상기해 보자. 하나는 시간의 흐름에 따른 이전과 이후 사이의 차이다. 다른 하나는 같은 시간의 공간에서 빚어지는 개체들 사이의 차이다. 이 두 가지 차이는 각기-서로 무한히 연관된 계속되는 차이화로 서로 얽혀 있다. 첫 번째 차이, 즉 하나가 다른 하나로 변해 가는 차이화를 '변이'라고 할 수 있다. 두 번째 차이, 즉 하나와 다른 것들의 차이화가 '다양성'이다. 마지막으로 차이들이 모여 있거나 흩어져 있는 차이들의 분산이 '가능'이다 (Deleuze, 1983: 189).

긍정은 많은 다른 것과의 차이(다양성) 혹은 이전의 자신과의 차이(변이)를 의미하며, 회귀를 통해 스스로 선택하고 변화하기에(선택성), 다양성, 변이, 선택성을 본질로 한다. 긍정이란 많은 갈래의 되어 가기들의 결합이다. 영원히, 한 존재가 다른 한 존재로 되어 가는 것에 대한 긍정이기에, 이 과정에서 "존재being"는 "생성becoming"과, 그리고 "생성becoming"은 "존재being"와 환치되고 등치될 수 있다(Deleuze, 1983: 186). 즉 존재와 생성, 연속과 변화는 서로 분리되거나 대립되는 것이 아니라, 늘 하나가 다른 하나를 포함하고 서로 연동하는 결합체인 것이다.

이 지점에서 물음이 생긴다. 긍정되어 선택되는 것이 있다면, 선택되지 않은 것들은 어떻게 될까? 긍정되지 않으므로 부정될까? 그러나 긍정의 반대항으로 부정이 설정될 수는 없다. 말 그대로 긍정은 다양한 것들의 되어 가기를 인정하기에, 하나라도 부정된다면 그것은 이미 긍정이 아니다. 이와 달리 부정은 노예처럼 비굴해지거나 분노로 분출되거나 나쁜 양심으로 발현된다. 이 어느 것도 고통까지 포함한 자신의 운명을 긍정하면서, "놀이하듯 춤추듯 웃음 짓듯이"(Deleuze, 1983) 견뎌 나가며 스스로 갱신하는 긍정과는 다르다. 들뢰즈는 부정은 긍정과 '대립'하지만, 긍정은 부정과 대립하지 않는다고 설명한다. 논리적인 말뜻 그대로 긍정이란 대립이라는 원리와는 공존할 수 없다. 긍정은 '대립'하는 대신 부정성이 아닌 '차이'를 만들어 낸다(Deleuze, 1983: 188).

나아가 부정이라는 가치가 긍정으로 전환할 가능성까지도 긍정은 만들어 낸다. 부정이 영원한 회귀를 통해 해석, 평가를 거쳐 선택되면서 이전의 것들에 대한 '비판critique'의 힘으로 전환될 수 있기 때문이다. 이 전환에서 파괴와 공격 같은 부정적인 것들이 대안적 생성을 향한 능동적인 힘으로 변형된다. 새로움이 생성되는 과정이기에, 긍정은 그 자체가 변화이고 창조다. 요컨대 영원한 회귀는 다양성과 그로부터 또 다른 다양성의 생산, 반복과 그로부터 또 다른 차이의 생성이다(Deleuze, 1983: 49).

그렇다면 이 격렬하며 역동적인, 영원한 회귀 과정은 어떻게 지속될 수 있는가? 영원한 회귀 과정을 반복, 지속시키는 힘을 가리켜 니체는 "힘의 의지"라고 부른다.• 들뢰즈는 힘의 의지가, 특정한 힘을 대상으로 해서 발휘되는 의지가 아니라고 지적한다. 반대로 의지 안에 내재해 있는 힘, 의지가 발휘되도록 하는 힘을 뜻한다. 다시 말해 힘의 의지는 흔히 오해하듯이 권력을 향한 의지가 아니라 무엇인가 행하고자 하는, 윤리적 욕망과 의지를 발휘하는

• 우리말로 흔히 번역된 '권력에의 의지'라는 표현은 오해의 소지가 강한데, 마치 권력을 얻으려는 누군가의 의지로 생각될 수 있기 때문이다. 이에 대해 들뢰즈는 "will to power is what wills"라고 풀이하며, 의지를 발휘하는 내재적인 힘을 강조한 바 있다(Deleuze, 1983: 50).

원천적인 생기를 뜻한다.

취약과
긍정화

스피노자, 니체, 들뢰즈로 이어지는 긍정은 기쁨과 강함의 원리를 바탕으로 한다. 그러나 실제 삶에서 누구도 항상, 완전하게 강할 수는 없다. 그래서 오로지 기쁨과 강함만을 이야기하면, 그보다 더 많고 크게 경험되는 현실적인 문제들은 그대로 설명되지 않은 채 남아 있게 된다. 예를 들어 고통과 약함은 어찌되어야 할까? 현실에 눈감은 채 그저 긍정적으로 생각하면 좋아지리라는 믿음은 부족하거나 거짓임을 우리는 알고 있다.

기쁨과 강함, 고통과 약함의 두 축은 결코 대립되지 않는다. 결론부터 말하면, 약함과 고통, 강함과 기쁨은 서로 상충되지 않고 연관되어 있을 뿐 아니라 종국에는 서로 결합되는 과정 안에서 만난다.

버틀러는 고통과 약함의 실재를 '취약성vulnerability'의 문제로 심화한다. 취약성으로 번역되는 영어 'vulnerability'의 어원은 '상처를 입히다'를 뜻하는 라틴어 '불네라레vulnerāre,' 혹은 '상처'를 뜻하는 '불누스vulnus'다. 이처럼 신체적인 약함을 뜻하는 이 단어는 현재의 사회 맥락에서 신자유주의 체제의 폭력적이고 불안정한 삶의 문제를 아우르는 개념으로까지 확장되었다. 이러한 조건에서 훼손된 주체의 삶을 가리키는 동시에 그 상처로부터 생성되는 저항의 가능성을 함축하는 가치로 정교해졌다(Sabsay, 2016). 버틀러는 상처 입은 주체의 윤리, 그리고 고통스러운 주체들이 그들의 상처를 공유하며 실천하는 정치에 대해 말한다(Butler, 2006).

버틀러의 시각에서 존재의 취약성은 여러 차원으로 구분될 수 있는데, 그 기준은 존재를 취약하게 만드는 '위태성precarity'의 성격에 따라 만들어진다. 우선 '위태로움precariousness'은 누구든 무엇이든 본연적으로 지닐 수밖에 없는 실존적인 상태다. 위태성은 특정한 사회 질서와 권력 관계 안에서 구조화된 위태로움이다. 위태화precarisation는 위태성의 배치, 조직, 할당의 방식들이 권력 작용에 의해 특정한 방향과 방식으로 정치화됨을 뜻한다. 그 권력의 작용에는 강요, 유도, 방치, 배척, 폭력 등 여러 유형이 포함된다.

가령 누구나 늙어가며 병든다는 점에서 모든 삶은 위태롭다precariousness. 그러나 질병이나 노화에 대해 어떤 집단이 다른 집단보다 덜 혹은 더 구속되는 경향이 체계적으로 나타난다면 이는 위태성precarity의 현상이며, 이러한 사회적 배치에 어떤 권력적 요인이 개입했다면 위태화precarisation의 결과로 파악할 수 있다. 빈곤한 이는 질 좋은 의료 혜택을 받지 못해 질병에 더 취약하며, 평소에 영양 상태가 나쁘고 거친 노동 부문에 종사하기에 노화가 더 빨리 진행될 수 있다. 이에 비해 유복하여 신체적인 건강을 잘 관리할 수 있는 이는 빈곤이나 질병 같은 위험 요소로부터 상대적으로 잘 보호될 수 있는 환경을 이미 갖추고 있거나 그런 위험에 노출되었을 때도 대처할 수 있는 우수한 자원을 비교적 풍부하게 지닌다. 따라서 인간의 취약성은 단지 보편적인 실존 상황이거나 우연의 문제만은 아니다. 사회의 권력 구조 안에서 특정한 방식으로 위태성을 조직하고 관리하는 특정한 논리가 형성된다.

더욱이 이사벨 로리Isabell Lorey(2015)의 주장처럼, 현재의 신자유주의 체제는 특정 집단이 위태로운 상태로 생존하도록 '통치'함으로써 저가의 노동력과 잉여의 소비력 상태를 활용하고 양극화된 부의 축적을 취하는 이점을 누린다. 예를 들어 젊은이들은 창의성을 표방하는 문화예술 분야의 대기 노동력으로 유용하다. 아무것도 보장되거나 기대할 수 없는 상황에서 영원히 유예될 뿐인 성공을 열망하면서 열정 노동을 수행하는 그들은, 자본의 입장에서 보면 매우 저렴하고 활용 잠재력이 큰 자원으로 처리된다. 실질적인 불평등 상태가 유지될 뿐 아니라 활용되는 상황에 있으므로 오늘날 신자유주의 체제에서 '위태화'는 문제화되거나 수정될 필요가 없을 뿐 아니라 당연하고 유리한 조건으로 '정상화'되고 더욱 강력해진다 (Lorey, 2015).

환경 위기는 온 지구인이 다 함께 대면한 위험이다. 이렇게 본다면 악화된 환경은 오늘날 모든 지구인들이 공통으로 처한 위태로움의 요소다. 그럼에도 사회마다 개인마다 누릴 수 있는 자본과 힘의 크기에 따라 그 위태로움을 경험하는 방식은 다르다. 기온 조절을 위한 인공적인 자원을 갖춘 선진 도시의 시민들은 추위나 더위를 완화할 수 있는 기술 상품을 갖추고 있기에 힘든 환경을 비교적 완만하게 경험한다. 이에 비해 거주와 위생 설비를 제대로 갖추지 못한 도시 슬럼가의 빈민들은 혹독한 추위와 더위에 고스란히 노출되며 건강이 위협받고 생명을 잃기도 한다. 또한 도시 설계의 방식, 즉 자본과 자원이 배치된 공간 구조에 따라 환경 위기를 경험하는 방식도 달라진다. 쾌적한 주택들이 안정적으로 모여 있는 지역은 바람길이 적절히 설계되어 있어 공기가 잘 통하고 조경과 상하수도 시설이 안정적으로 구비되어 있어 이상 기온에 비교적 잘 대응할 수 있다. 반면 열악한 주택들이 무질서하게 배치되어 있는 빈곤 지역엔 생활을 쾌적하게 만들 시설이 미미할 뿐 아니라 시장성이 없는 지역이기에 인력과 자본의 투입 관심까지 끊겨 개선의 가능성조차 상실된다. 그래서 열악하고 부실한 환경에 거주하는 사람들의 생존은 갈수록 심각하게 위협받는다. 이는 환경 위기의 현 구조에서 나타나는 위태성의 일면으로서, 여기엔 실존적 위태로움뿐만 아니라 권력적인 위태화의 요소까지 분명히 개입되어 있다.

실존적인 위태로움에서 구조적인 위태성, 나아가 정치적인 위태화까지 포괄하여 시각을 날카롭게 심화하기 위해선 이에 개입하는 '권력' 문제가 진지하게 사유되어야 한다. 선진국의 경우 자국의 영토와 해양을 깨끗하게 유지하기 위해서 국내 쓰레기를 후진국에 '수출'한다. 선진국 시민들은 쾌적한 환경을 즐기면서 환경 오염의 심각성을 우려하며 대책을 세울 수 있는 여유로운 '권위'를 향유할 수 있는 데 비해(이를테면 화려하기 이를 데 없는 다보스 포럼), 후진국 바닷가의 가난한 어린이들은 그들 마을에 쌓인 온갖 플라스틱병 더미로부터 빈곤과 고통을 '체득'한다. 이처럼 환경 위기의 위태로움은 전 지구적인 차원에서 위태성의 구조로 차별화되며 위태화라는 불평등을 재생산한다.

아프고 가난한 이들의 상처에서 무엇이 가능할까? 실존적으로, 구조적으로 우리가 위태롭지 않을 수 없는 것이 삶이라면, 그런 위태로움, 위태성, 위태화는 어떻게 살아지며 변화할 수 있을까?

버틀러는 주체에게 부여된 실존적·구조적 취약성이 모든 존재들에 대해 윤리적 책임성을 부여한다고 주장한다. 내가 존재하게 되기까지 이미 나는 알거나 알지 못하는 수많은 존재 — 자아, 타인, 자연, 환경, 나아가 세계 전부 — 에게 의존하고 있으며 빚을 졌다. 나는, 당신이 없다면, 다수 무명의 그들이 없다면, 존재할 수 없는 취약한 존재다. 이토록 약하고 고독한 주체들이 '우리'로 공존하기 위해서는, 바로 그 취약함과 의존성 때문에, 그 누구도 타자에 대한 책임 윤리로부터 자유롭지 않다. 우리가 강하기 때문이 아니라 약하기 때문에, 그리고 우리 모두의 삶은 마땅히 그리고 동등하게 "비통함을 누릴 자격이 있기grievability"에(Butler, 2019), 누구나 타자의 삶에 대한 공존과 협력의 책임을 진다.

이로써 버틀러에게는 주체가 벗어날 수 없는 취약성이 각자의 삶, 나아가 공통적인 삶의 원리로 긍정화affirmation된다. 나아가 우리들의 취약성으로부터 현실적인 불안정성을 드러내고 그에 대항하고자 하는 집합적 의지와 필요를 구성할 수 있다. 마땅히 가졌어야 할 물적, 사회적 지지 기반을 잃은 취약한 존재들이 바로 그러한 것을 보장받기를 정당하게 요구함으로써 "다수"들이 수행하는 "저항"이 가능하다(Butler, 2016: 15). 취약성은 저항을 발현하고 저항 안에 이미 내재한다(Butler, Gambetti & Sabsay, 2016). 이렇듯 "관계적이고 정동적인" 관점에서 이해되는 취약성이란 나, 당신, 여느 그 누구에게라도 적용되는 보편의 원리일 뿐 아니라 급진적인 정치윤리성을 추동한다(Sabsay, 2016).

비슷한 맥락에서 사라 아메드Sara Ahmed는 흥을 깨는 존재인 "킬조이killjoy"나 "우울melancholy" 같은, 일견 부정적으로 여겨지는 정동 요소가 새로운 삶의 방식을 열어나가는 가능성의 힘으로 전환될 수 있다고 주장한다. 그녀에게 있어 대표적인 킬조이와 우울의 주체는 페미니스트, 이민족, 성소수자로 그려진다. 이들은 통속적으로 찬미되는 세속적인 가치들에 불편과 이질감을 느끼며, 세상 역시 이들을 반기지 않는다. 노상 불평과 불만을 제기하면서 질서와 조화를 깨뜨리는 이들로 간주되기 때문이다. 이렇게 구별된 소수자들은 기성의 질서 안에서 자신의 다름을 감추고 침묵하기를 암묵적으로 강요받는다. 그러나 이들이 행동을 하고 말을 시작하여 소수성이 수행될 때, 세계 '일반'이 유지하고자 하는 거짓된 흥, 부당한 즐거움, 헐거운 평화의 허상이 깨지고 새로운 삶의 방식이 생성될 수 있다.

그 외에도 흔히 추하고, 더럽고, 비정상적이라고 평가받는 정동이 실천하는 급진적인 미학과 전복적인 정치의 효과가 다양하게 제안되었다. 이를테면 미국의 문화연구자인 시안느 엔가이Sianne Ngai는 질투, 초조, 불안, 멍함 등의 "추한 느낌들ugly feelings"이 현재 상업화된 현대 문화의 허구성을 노출하는 미학적 체험의 기반을 이룬다고 주장한다(Ngai, 2007).

마침내 존재의 취약성이 전복적인 정치, 윤리, 미학적 가치와 의지로 전환된다. 이에 따라 강함과 약함, 능동성과 수동성, 긍정성과 부정성, 기쁨과 슬픔처럼, 대립 관계에 있다고 흔히 알려져 있었던 이분 논리 역시 흔들린다. 취약성이 긍정화된다. 이렇듯 대립성을 초극한 복합성과 변화성 안에서 형성되는 주체란 단일한 주체성이 아니라 많고 다른 모양새를 띄며, 자-타의 구분이 없어질 정도로 몸과 마음이 섞여 변화하는 그 무엇인가가 '되어 간다becoming.'

취약성의 정치

이제 긍정-부정, 강함-약함, 기쁨-슬픔, 나-너의 구분이 모두 흐려진 채 끊임없이 생성되고 요동치며 변화하는 세계가 그려졌다. 이 세계는 저러한 구분이 명확한 세계와 어떻게 다를까? 어떤 새로운 가치가 있는 걸까? 상처를 가진 취약한 주체들이 혼합되고 연결된다면 그 과정에서 어떤 정동적 윤리와 정치가 생성될까?

긍정과 부정, 강함과 취약성 같은 언뜻 대립적으로 보이는 원리들이 결합하여 새로운 삶으로 전환될 수 있는 가능성을 비판적 포스트휴머니즘 이론가인 로지 브라이도티Rosi Braidotti(2006)의 논의에서 찾을 수 있다. 흥미롭게도 브라이도티는 결합의 가능성을 '상처'(취약성의 어원이 상처에 있음을 기억하자), 조금 더 정확히 말하면 '열린 상처'에서 찾는다.

구체적으로 브라이도티는 기쁨과 긍정의 축을 검토한 후에, 긍정과 기쁨의 원리 안에 필연적으로 현존할 수밖에 없는 고통과 취약의 문제를 제기한다. 실제 삶의 과정에 결코 부인하거나 피할 수 없이 고통은 존재하며 그에 취약한 주체는 상처를 입는다. 그러나 의미심장하게도

이 상처는 '열린 상처'다. 그 상처가 주체에게 어떤 이후의 미래를 가져올지는 미리 알 수도, 정해져 있지도 않다는 의미에서다. 따라서 브라이도티에게는 "긍정 대 취약affirmation versus vulnerability"이라는 대립적인 논리 자체가 깨진다. 대신에 하나가 다른 하나를 필요로 하며 서로 타협하고 포용하는 상호 의존적인 관계로 재해석된다. 누구든 실존적·구조적으로 부여된 취약함으로부터 완전히 벗어날 수 없다. 오히려 모든 존재가 자신이 처한 고통과 슬픔을 싸안고 견디는 시간을 살아가고 이것이 곧 삶이다. 그렇다면 삶의 긍정화란 취약성의 상황을 겪으며 견디어 나가는 인내를 통해 지속적으로 이루어진다. 고통과 트라우마가 낳은 수동성을 자각하고 이와 고투하며 초극하려는 자기 변화의 과정이 긍정의 윤리를 만든다.

다기하고 가변적인 자기 형성의 주체에 대해, 브라이도티는 자신의 유명한 개념인 '유목nomad' 개념을 적용하여 "유목적 윤리" 혹은 "긍정의 유목 윤리affirmative nomadic ethics"라고 부른다(Braidotti, 2006). 여기서 유목은 정지하거나 결정되지 않으며 항상 이동하면서 스스로 장소성을 만들어 내는 삶의 방식을 뜻한다. 유목적인 삶이란 생성적이고 변화적인 주체성을 의미한다. 브라이도티에 따르면 유목적 주체되기란 '진실한 기다림'을 통한 '생성'과 '그물 같은 연결'을 추구한다. 이때 삶은 주체가 용감하게 대면하고 겪으며 견뎌나감으로써 변화로 도약하는 자유의 실천이다. 고통과 취약성으로부터 인내를 거쳐 긍정으로의 이행은 개인과 사회에 변화를 가져오는 정치윤리적 잠재력을 지닌다.

긍정화란 여느 누구의 삶에라도 반드시 현존하는 고통이나 취약성의 문제를 피하거나 부인하지 않는다. 고통과 슬픔을 끌어안고 견디는 과정을 통해 비로소 자신의 삶을 보존하기, 그 생기를 몸으로 체현하기, 다른 상태로 변화하며 새로이 태어나기를 의미한다. 취약성을 껴안음으로써, 긍정은 순진한 낙관주의가 아니라 '견딤과 변화'의 내재성을 함축하게 된다(Braidotti, 2006).

궁극적으론 긍정과 취약의 짝패가 반드시 긍정의 승리로 결실 맺어져야 하는 필연적인 이유마저 부정되기에 이른다. 대신에 긍정과 부정이 깔끔하게 단선적으로 분리되는 것인 양 간주하는 대립 구도를 벗어나, 하나가 다른 하나를 만들고 서로 관계를 맺으며 녹아 섞이는 상호 형성성과 상호 작용성을 이해하는 일이 의미있다. 핵심은 '비수동적인 인내'를 가지고 '가능함과 불가능함' 사이의 모호하고 고통스러운 경계에 열정적으로 임하기이다. 혹은 여성주의 관점에서 '취약성의 정치'를 주장하는 그리스의 정치철학자인 아테나 아타나시우Athena Athanasiou(2016)의 표현을 빌면, "취약성을 극복하는 것이 아니라 취약성과 더불어/취약성 안에서 노력하는 것, 취약성 안에 고착된 불의•에 저항하는 것," 그럼으로써 "취약성과 관계를 맺는 새로운 집합적 방식을 발명"해야 한다(Athanasiou, 2016: 258, 272~274).

긍정과 취약을 분리하는 이분법을 넘어서 취약성의 모든 복합적인 결들을 긍정한 채 "수행적 취약성performative vulnerability"(Athanasiou, 2016: 274)을 실천하는 나는 매 순간, 이전의 내가 아니며 변해 가고 있는 나이고 많은 나이며 새로운 나이고 다시 다른 내가 될 터다. 그래서 종국에는 긍정과 취약성이 결합하면서 다수적이고 변화적인 삶을 유지하고 열어나갈 수 있는 잠재력으로, 또 그것을 발휘할 자유로 실천될 수 있다.

취약성을 품은 주체의 긍정화 가능성을 지나치게 낭만화하는 일은 위험하다. 버틀러(2016)의 지적처럼 주체의 수행성은 항상 담론적, 물질적인 규범 조건 안에서 실

• 유고슬라비아의 여성주의 정치 항쟁의 사례 연구에서 아타나시우가 제시하는 불의란 민족주의, 신자유주의, 군사주의 등이다(Athanasiou, 2016).

행될 수밖에 없으며 기존의 조건으로부터 완전히 자유로울 수 없기 때문이다. 따라서 주체의 긍정화를 저해하거나 억압하는 사회 질서와 권력 구조에 대해 엄격하게 판단하고 개입하는 비판적 실천은 항상 중요하다. 저항과 전복과 변화가 언제나 가능하지는 않으리라는 현실 인식도 전제되어야 한다. 운동과 변화가 내재적으로 지속될지언정 현실화가 되기까지는 많은 요소들이 끊임없이 개입하며 현실화의 양태 역시 예측 불가능하게 다양하고 복잡하기 때문이다. 그래서 모든 것이 내가 희망하거나 노력한 그대로 실현되기는 어렵다.

이 모든 희망과 비판의 바탕에서, 조용한 항전의 가능성은 '작게,' 그러나 '항상' 열어두기로 하자(Honneth & Ranciere, 2016). 이를테면 가장 작지만 가장 절대적인 행동은 육체의 현전으로 개시된다. 버틀러의 강렬한 주장에서처럼 취약한 주체의 현전 자체가 이미 저항적이기 때문이다. 단지 그 비참한 몸의 '드러남' 자체가 그토록 비참한 몸을 만든 사회의 오류와 모순을 적나라하게 고발하는 효과를 낳는다. 이처럼 취약한 존재들이 권력에 대해 저항하는 정치적 전환이 일어날 수 있는, 적어도 최소한의 가능성은 언제 어디서나 존재한다. 취약한 몸들이 함께 있는 한(Athanasiou, 2016; Butler, 2016).

긍정은 단일한 한 겹이 아니며 홀로가 아니다. 트라우마, 고통, 슬픔의 수많은 겹들을 내포하고 그로부터 견딤과 변화의 힘을 내재하는 복합적이고 역동적이며 집합적인 가치다(사사키 아타루, 2013). 이처럼 긍정과 부정, 강함과 약함 등 각 가치에 대한 새로운 재정의가 이뤄지므로, 가치들이 준거하고 그것을 평가하는 가치의 변화, 즉 니체의 표현을 따른다면 "가치들의 가치 전화轉化"(Nietzsche, 1901/1988)가 일어난다. 가치들의 가치가 변환되면 (기존의 이미 존재하는 좌표 위에서의 이동이 아니라) 좌표들의 구성 원리부터 새롭게 구축되기에, 좌표 위의 주체에게도 "급진적인 재위치화"(Braidotti, 2006)가 진행된다. 이렇듯 급진적 재위치화는 한편으로는 좌표의 변혁을 유도한다는 점에서 기성 구조에 대한 정치적 비판을 수행한다. 동시에 다른 한편으로는 기성의 규범으로부터 스스로 해방되려는 탈정체화 및 소수되기의 윤리적 기획이기도 하다.

취약의 윤리와 정치는 그 성공적 성취가 미리 "보장되지 않았지만Without guarantees"•(Grossberg, McRobbie &

• 스튜어트 홀Stuart Hall의 유명한 표현이자, 그의 주요 제자인 세 문화연구 학자들이 스승의 학문적 업적을 기념하기 위해 공동 편집한 저서의 제목이기도 하다.

Gilroy, 2000), 수난을 가로지르며 움직여 가고, 수동에서 긍정을 생성하고, 기쁨을 느끼기를 희원하고 의지를 발휘하는, 멈출 수 없는 과정 속에 언제나 있다. 그리고 이 전환적 운동이 발동될 수 있는 근본적인 필요조건은 윤리적 가치를 받아들일 수 있고 행할 수 있는 주체의 정동 실천에 있다.

정동의 미학
: 전복과 창발

앞 절에서는 정동의 윤리적 실천을 몸의 영역에서 살펴보았다. 그렇다면 정동의 문화적 표현은 어떠할까? 어떤 의미화 양식과 미학적 결을 지닐까? 이 점에서 입은 꽤나 흥미로운 인간의 감각, 운동, 언어 기관이다. 펠릭스 가타리는 인간-기계-환경이 뭉쳐 연동하며 새로운 주체화(혹은 탈주체화)가 진행되는 현상을 "카오스모시스Chaosmosis"라고 부르며, 이것이 현재의 '윤리미학적 패러다임'을 형성한다고 해석한다(Guattari, 1995). 이와 관련해서 가타리가 서술한 입의 역할은 이렇듯 급진적이다.

입이여! 도덕이여! 네 자신을 기계 — 미학적 기계와 분자적 전쟁 기계 — 로 만드는 일(오늘날 랩 문화가 수많은 젊은이들에게 얼마나 중요한지를 보라)은 주체를 새롭게 특이화할 수 있는 중대한 방법이 될 수 있다. 세계를 인식하고 사물을 대하는 색다른 방식들을 만들고 심지어 사건의 전환을 낳을 수 있다(Guattari, 1995: 97).

'육체'의 미학적이고 윤리적인 잠재력은 정동 작용 및 표현이라는 관점에서도 활발하게 사유되어 왔다. 들뢰즈와 가타리(1991/1994)에 따르면 예술은 "감각의 연합bloc of sensations"이며, 감각sensations은 "지각과 정동의 복합물"이다(164). 앞에서 보았듯, 들뢰즈에게 정동이란 주체가 영향을 주고 영향을 받고자 하는 욕망, 의지, 그리고 그것을 현실화할 수 있는 역능이다. 영향의 주고받음이라는 의미에서 정동은 항상 집합적이고 사회적이다(Deleuze, 1986). 또한 정동의 효과는 차이의 창출이고(Deleuze, 1983) 항상 그리고 내재적으로, 차이를 만드는 과정에 있다. 그러므로 주어진 존재가 아니라 되어 감의 주체가 중요해진다. 이러한 정동의 의미는 예술에도 적용된다. 주체가 항상 차이를 만들어 내는 되어 가기와 변화의 과정에 있다면, 그리고 예술은 바로 차이를 만들어 내는 정동을 표현하는 작업이라면, 차이를 살아가는 과정으로서 삶이란 곧 예술이다. 마찬가지로 되어 가는 주체가 그 누구든, 그녀는 자신의 삶의 생성, 변형, 다양화를 추진하는 창조자creator다(Deleuze & Guattari, 1991/1994: 171). 이렇듯 생성, 변화, 다양화의 창조 활동은 자신의 정동을 경험하고 표현하는 다양한 방식들을 통해 전개된다.

이러한 정동, 표현, 창조의 영역들을 들뢰즈와 가타리(1991/1994)가 제안한 '육체주의Fleshism' 개념으로 아우를 수 있다. 육체주의는 보이지 않되 실재하고 작용하는 정동이 육체를 통해 실체적으로 표현되는 방식과 의미를 설명하는 단어다. 육체를 표현하는 정동, 육체가 표현하는 정동으로서 육체주의다. 육체주의에서 육체는 "경건하고 관능적pious and sensual"인 과잉, 역동, 파열로 표현된다.

또한 미디어의 관점에서 '육체carnal'와 미디어의 관계가 정밀하게 분석되기도 했다. 영화학자 비비언 솝책Vivian Sobchack은 영화가 인간의 육체를 "체현embodiment"하는 방식에 대한 탐구를 "육체적 사유carnal thought"라고 이름 붙인다. 육체적 사유에서는 "살아 있는 몸lived body"의 경험과 의미가 강조된다. 왜냐하면 우리는 살아 있는 몸을 통해 자신과 타인의 관계를 맺고, 육체는 "물질화된 역량과 행위의 감정, 감각, 지각의 앙상블"을 체현fleshed out하기 때문이다(Sobchack, 2004: 1~2). 이러한 경험과 표현의 활동은 미학적이며 윤리적이다. 주체가 자신, 타인, 세계와 맺는 "감각과 책임"을 육화하고 동반하며 활성화한다는 점에서 그러하다(Sobchack, 2004).

이러한 문화적인 관찰을 바탕으로 삼아 특정한 정동이 사회적으로 실천되고 표현되는 방식과 의미를 해석할 수 있다. 흥미로운 점은, 현대 사회에서 흔히 말해지는 바, 고독과 허기 같은 '약한' 정동이 '과잉, 역동, 파열' 같은 '강한' 정동으로 전환되는 생성, 변환, 차이화의 문제다. 또한 '역한 정동disgusting affect'이 대중적인 공감과 매혹을 낳는 정동 요소로 긍정화되는 변이의 현상 역시 주목된다.

인간임을 부정하는 정신은, 역설적이게도, 가장 인간다움을 추구하는 문화의 저변에 언제나 적극적으로 흐르고 있었다. 문화는 인간임을 정의하는 규범에 도전하고 벗어나려는 움직임에 힘입어 생성될 수 있고, 오로지 그 전환을 통해서만이 창발성이라는 인간 본래의 의미에 충실할 수 있다.

인간임을 뛰어넘고자 하는 정신의 원천에는 동물에 대한 사유가 자리 잡고 있다. 들뢰즈와 가타리(1975/2001)의 해석에서 '동물-되기'란 인간의 언어를 버리고, 대신 원숭이, 곤충, 새 같은 '비인간-되기'의 과정에

긴급하고도 격렬하게 뛰어드는 육체적·언어적 힘이다. 들뢰즈와 가타리가 묘사한 '동물-되기'는 육체적이고 언어적으로 실행되는 도발의 기교로 표현된다. 두 발끝으로 몸을 지탱하기, 숙인 고개와 대비되는 쳐든 고개, 벌떡 일어나는 식의 급작스러운 움직임, 젊은 여인들이 여기저기서 일으키는 접속, 독신자의 근친상간, 동성애 아니 이런 따위의 이름들을 거침없이 통과하는 욕망들의 초과와 분열과 증식.

동물-되기는 욕망하는 기계이고 접속의 기계다. 이 기계들은 법과 관료제의 기계들과 접속하고 충돌하는 과정에서 끊임없이 재배치·재작동된다. 여기서 기계란 특정한 계열에서 에너지를 배치하고 접속, 가동시킴으로써 생성과 변화의 효과를 낳는 기능을 뜻한다. 인간 역시 기계다. 인간은 제도, 담론, 물질이 연결되어 작동하는 존재, 그 이상도, 이하도 아니다. 인간이 동물이 될 때 감각은 신체의 기관을 해체하면서 전복하고, 주체는 기계적 존재로 새롭게 창조된다(Sauvagnargues, 2005/2009: 219).

디지털 기술의 세계에서 언어는 본질적으로 외설적이다. 현대의 육체적 언어에서 드러나는 과잉의 리비도는 이른바 '정상적인' 문화 양식으로부터 벗어나 있다. 이곳에서 강렬하게 집결하고 왕성하게 발해지는 원초적인 욕구와 쾌락은 사회적 규범을 거스르고 조롱한다. 예컨대 김희천의 미디어 아트 작품인 〈썰매〉(2016)에서 표출되는 강렬한 감각 운동은 이른바 '바람직한' 인간의 육체를 정의내리고 지도하는 규범과 규칙을 흉겹게-우울하게 위반한다. 또한 이 작품에서 터져나오는 디지털 네트워크 안의 속어와 욕설은 현실 사회가 요구하는 정돈된 언어를 무시하고 대신 인간의 욕구와 욕망을 적나라하게 표현한다. 기이하고 일탈적인 감각적 행위는 인간됨을 의도적으로 거부하며 무한 팽창되어 마침내 파열될 것같이 스스로 "기관없는 신체"(Deleuze & Guattari, 1980/2001)가 되어 간다. 그들의 동물-되기는 법과 질서를 유쾌하게 넘어서며, 비틀어지고 도발적인 감각들을 전신으로 표출하는 "감각의 폭력성"(Sauvagnargues, 2005/2009: 211~213)을 실행한다.

강렬한 감각 및 정동의 응집체로서 육체적 언어는 빈곤, 위태성, 폭압으로 가득 찬 현실 세계를 누설하고 폭소한다. 마치 카니발에서 엄청난 물질들이 쏟아지고 뒤범벅이 되듯(Bakhtin, 1975/1998), 몸의 물질성을 최대화하고, 그것의 이미지화를 통해 감각 폭력의 향연을 수행한다. 정교하게 위계화되고 나날이 탐욕스러워지는 자본주의적인 소비 감각 체계에 맞서고 그것을 비틀면서 대신 지저분하고 잡스러운 감각들을 생성한다. 이들의 수행은 그들을 잉여로 만든, 그리고 그 자체가 먹방인 듯 갈수록 비대해지는 자본주의 세계에 대해 그 권력의 동물적인 속성을 재연하고 풍자하는 효과를 낳는다. 따라서 이 '역한' 감각의 소수성은 강고하게 구축된 기성의 구축된 미적 체제에 대항하는 정치적 힘으로 전환될 잠재력을 지닌다(Rancière, 2004; 2010).

동물-되기의 실천은 사회적인 전율과 연결을 낳는다. 그래서 잠재적으로 동물-되기 같은 소수적이고 극단적인 감각이 사회적으로 확장되고 정치적으로 집결될 수 있다. 이 점에서 들뢰즈와 가타리(1975/2001)는 '동물-되기'를 '소수성'의 감각으로 기술하면서, 소수적인 언어는 본연적으로 사회적이며 정치적이라고 단언한다. 이러한 소수성의 사회정치적 잠재성은 무수하고 과잉된 감각성이 정동 네트워크로 끓어 넘치고 엉키면서 사회적 영토로 응결되는 현상과 유사하다.

한 걸음 더 나아가, 불온한 동물성은 저항과 비판의 잠재력을 확보한다. 푸코(2008)는 디오니소스를 비롯한 견유학파에 대한 새로운 해석을 통해, 고대 그리스 철학에서 동물성animality이 '인간 존재의 차이화의 절대 지점'으로 기능했다고 역설한다. 인간주의가 규정하는 '인간됨'에 저항하는 대항적 통치성이 동물성으로 실천되었다는 것이다. 이 점에서 동물성이란 '이성적이고 인간주의적인 존재 구성에 대한 반발'로 해석된다(Foucault, 2008a: 314). 마우리치오 라자라토Maurizio Lazzarato는 푸코를 따라서 "수치심 없이"(Foucault, 2008a) 소란을 일으키는 견유학파의 삶이 '진실된 삶'을 실행했다고 본다. '동물성의 실천' 자체가 주체화와 종속을 강요하는 사회 질서에 대한 급진적인 도전과 비판의 실천이라고 주장한다(Lazzarato, 2014: 244).

우리가 인간-기계-동물의 다양체를 살펴보는 일은 어떠한 의미가 있는가, 이 신생의 존재는 우리에게 어떠한 사회적 통찰을 가져다주는가? 인간-기계-동물의 다양체가 감각 및 정동 차원에서 표출하는 저항성이 반드시 현실 정치 영역에서 대항 세력으로 실체화되는 것은 아니다. 그럼에도 이들이 변이와 탈주의 잠재력을 지니는 이유는, 주체화와 탈주체화 중 어느 한 경로에 매몰되기보다는 이중 경로를 교차하며 그사이와 경계에서 진동하는 위치성에 기인한다.

푸코(1980)가 강조하듯 권력 작용은 항상 상호적이며 주체의 윤리적 실천의 가능성이 항상 열려 있는 것이라면, 지금의 상황에서 어떠한 새로운 감각과 정동의 발명이 가능한지가 중요하다. 뿐만 아니라, 들뢰즈(1995)의 제언처럼 장치 안에는 이미 탈주선이 내재하므로 일탈과 전복의 운동 역시 항상 내재한다. 장치는 주체를 선제先制하지만 그렇다고 해서 그에 대한 저항이 생성되는 것을 완전히, 결정적으로, 억제할 순 없다(Massumi, 2015). 안개와 독기의 시대, 모호함과 고통의 시대, 가속과 고갈이라는 모순들로 이루어진 '경련'의 상황에서도 돌연변이적인 주체화는 가능하다(Berardi, 2015/2016). 비록 그 현실화가 어떠한 우발적인 사건에 의해 어떤 구체적인 모습으로 나타날지를 예측하기란 어려울지라도.

3장

정동과 정치

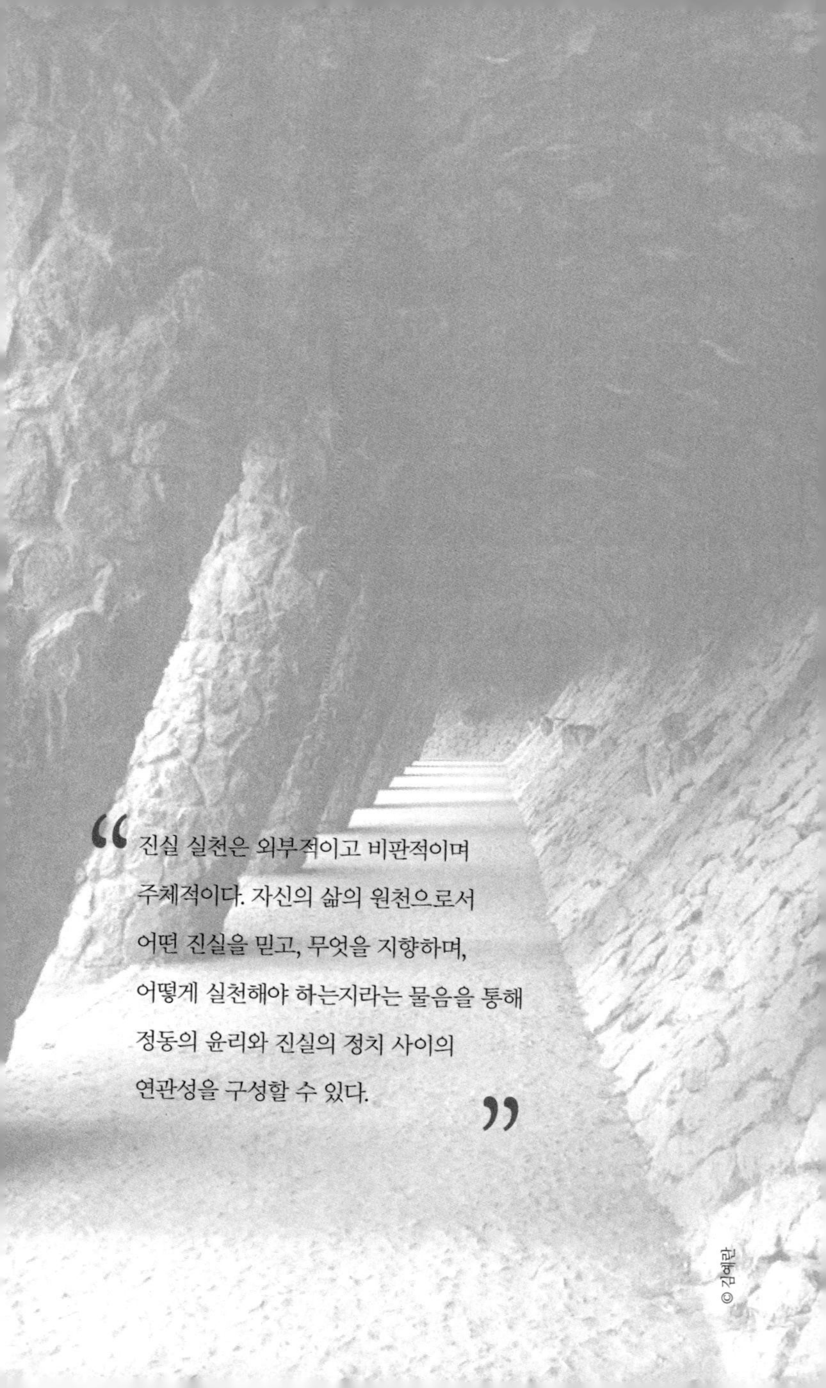

"진실 실천은 외부적이고 비판적이며 주체적이다. 자신의 삶의 원천으로서 어떤 진실을 믿고, 무엇을 지향하며, 어떻게 실천해야 하는지라는 물음을 통해 정동의 윤리와 진실의 정치 사이의 연관성을 구성할 수 있다."

© 김예란

지금까지 정동을 욕망, 의지, 가능의 평면에서 내재적으로 작동하는 생성과 변화의 힘이라고 이해했다. 또한 정동의 미학적이고 문화적인 표현이 정치적인 잠재력을 발휘할 수 있음을 논했다. 이 장에서는 담론과 정치의 명시적인 작동 공간에서의 정동의 문제를 논한다.

나의 욕망, 의지, 가능이 타인의 그것과 충돌할 때는 어떻게 하는 것이 좋고 옳을까? 혹은 나의 욕망, 의지, 가능이 사회에서 불인정되거나 금지될 때는 어떻게 해야 하는가, — 동시대 유럽의 철학자들인 악셀 호네트Axel Honneth와 자크 랑시에르Jacques Ranciere의 논쟁에서 드러났듯 — 사회적 도덕 질서의 내부에서 '조정'할까 혹은 현재의 정치 질서의 외부를 향해 '대항'할까?(Honneth & Ranciere, 2016) 더욱이 나의 욕망, 의지, 가능이 지배적인 권력 구조에 의해 억압되거나 왜곡될 때 나는 자신의 정동 윤리를 향해 과연 무엇을 할 수 있는가? 특히 현재 상황에서 두드러지듯이 정동의 윤리가 매우 치밀하고도 광범하게 정치적 기술로 응용 또는 남용되는 상황에서라면, 정동의 윤리적 실행이 지니는 사회적 책임과 정치적 효용뿐 아니라, 그것에 따르는 한계와 위험까지도 엄격하게 고찰되어야 한다.

이 질문들은 진실과 정치, 혹은 "진실의 정치politics of truth"(Foucault, 2007)의 문제로 수렴될 수 있다. 정치란 진실의 정의definition, 실천 방식, 효과를 놓고 전개되는 권력 작용이기 때문이다. 정치라면 어떤 정치이어야 하는가? 왜 다른 정치가 아니라 이 정치인가? 지금의 정치가 아닌 새로운 정치가 생성될 수 있는가?

정치의 가치, 정당성, 변화의 문제는 진실, 보다 정확히 말하면, 주체가 진실과 맺는 관계에 의해 정향된다. 주체와 진실의 관계에는 주체가 진실을 바라고 추구하며 행하고자 하는 욕망, 의지, 가능이 개입한다. 즉 진실의 정치에는 주체가 실천하는 정동 윤리가 필연적으로 결합된다.

진실의 정치화

어느 시대나, 어느 사회나 진실을 말하고 행하는 특정한 제도와 문화가 형성되며 그 구체적인 방식은 진실을 규정, 규제, 통제하는 권력 체제와 사회구성원들이 맺는 상호관계에 따라 달라진다. 때로는 합치되거나 순행적인 방향으로, 때로는 충돌되고 갈등적인 방향으로, 진실을 정의하고 말하고 행하는 방식이 형성되고 실천된다.

이때 진실의 의미 역시 역사·사회마다 달라진다. 플라톤으로부터 근대에 이르기까지 진실의 의미, 그에 대한 해석학의 계보를 분석한 푸코에 따르면, 데카르트 이전의 진실은 주체의 신념과 일치하는바, 정신과 언행 지도의 척도였다. 이에 비해 데카르트 이후 서구 철학의 주축을 이룬 인식론 전통에서 진실은 객관적이고 과학적으로 탐구되고 제시되어야 할 원리로 확립된다. 다시 말해 데카르트 이전의 그리스 철학과 스토아 철학 전통에서, 진실은 획득될 수는 없으나 끊임없이 추구함으로써 주체의 영혼을 구원하는 윤리적 가치로 인식되었다. 이에 비해, 데카르트로부터 근대 및 현대에 이르는 시기에 진실은 인간주체가 획득할 수 있는 앎의 대상이되 대신 그의 영혼이 진실에 의해 구원될 가능성은 상실된다(Foucault, 2005).

한편 한국 사회의 맥락에서 진실은 서구의 철학적 의미와는 또 다른 복잡성을 띤다. 영어권에서 'truth'로 통용되는 '진眞'은 한국어에서 진리 또는 진실의 의미로 갈린다. 사전적 의미로 진실은 '거짓이 없는 사실'과 '마음에 거짓이 없이 순수하고 바름'처럼 도덕적, 정치적 올바름을 뜻한다. 이에 비해 진리는 '참된 이치'나 '언제 어디서나 누구든지 승인할 수 있는 보편적인 법칙이나 사실'처럼, 종교, 이념, 학문 활동 등에서 절대적이며 보편적으로 승인되는 원칙과 논리라는 의미를 지닌다.

이 글에서 진실은 상이한 입장과 시각에서 형성되고 갈라지며 다툼이나 승패가 갈리는 도덕과 정치의 차원에서 사용된다. 푸코의 시각에 바탕을 두어 주체가 자신, 타인, 권력 체제와 맺는 주체화의 관계들 안에서 형성되고 실천되며 변화되는 정치윤리적 가치를 가리킨다(Foucault, 2005; 2011; 2016/2017).

주체가 말과 몸, 담론과 행위로 진실을 실천하는 영역을 '진실 실천'이라고 부를 수 있다. 진실 실천은 주체가 자신과 타인, 나아가 주어진 정치, 사회, 경제, 법, 학술의 질서들과 맺는 관계와 밀접하게 관련된다. 그러기에 한편으로는 진실과 권력이 연동되는 '정치'적인 함의를 지니며, 다른 한편으로는 주체가 스스로 진실에 결속시키고 실행하는 '윤리'적 의미를 함축한다.

진실의 정치(Foucault, 2007)에 대한 관심은 진실에 대한 위기의식이 심화되는 오늘날 그 중요성을 더해 가고 있다. 정치적 이성과 합리적 공중의 요소들로 구성된 대의 정치 모델에 근거한 서구 자유민주주의의 한계가 분명해지면서 진실의 상대성 혹은 불안정성에 대한 인식 또한 커지고 있다. 이를테면 콜린 크라우치Colin Crouch(2004)는 정치가 소멸하며 그 자리를 금융자본주의의 권력이 대체하는 현상을 '포스트민주주의'라고 명명했다. 이후 다양한 진영들에서 서로 다른 의도로 포스트정치, 포스트진실 같은 단어들이 만들어지며 적극적으로 활용 또는 오용되고 있다.

여러 세부적인 차이들은 있지만 일련의 '포스트' 개념들을 관통하는 공통점은 객관적인 진실이란 불가능해졌거나 애초에 불가능했다는 점을 인정한다는 사실에 있다. 나아가 다양한 진실 주장들 속에서 어떻게 최선의 진실을 생성하거나 발견·인정하고, 이미 존재하는 진실이라면 그것을 어떻게 허위로부터 보호할 수 있을 것인가에 대해 고민과 성찰을 표방한다. 이 관점에서 진실성의 한 준거로서 '대중people'을 호명하면서 그들이 표출하는 정동적 가치를 중시하는 접근이 부상했다.

일례로 정치철학자 샹탈 무페Chantal Mouffe(2018)는 우파와 좌파가 동시에 그러나 서로 다른 관점에서 소환하는 '대중'에 대해, 이들이 극우이든 극좌이든 혹은 중도라는 입지에서든, 신자유주의의 불행한 파생물이라는 공통점을 지닌다고 주장한다. 그리고 변혁을 위한 다양성과 잠재력을 함축한 주체로서 '좌파 대중주의'의 건설을 기대한다. 이와 유사하게 자기 성찰성이 중시되는 비판 이론의 전통과 인간의 육체/감각/정동의 작용이 강조되는 신유물론을 결합하며, "신자유주의의 대항 공중"(Chaput, 2018: 179)의 가능성이 전망되기도 한다.

이런 제안들은 공통적으로 신자유주의 모순을 극복하기 위한 기획으로서, 인간의 이성과 합리성을 중요시하는 전통적인 정치 이론에 대중의 감정, 감각, 감수성, 정동의 요소를 적극적으로 삽입한다. 주어진 권력 관계 안에서 조직화되거나 일상적인 형태로, 집합적이거나 개인적으로, 공적으로나 사적으로, 드러나거나 숨은 형태로, 대중이 진실에 의거한 비판과 저항을 행할 수 있음을 주장한다(Lilja et al., 2017). 이들 논의를 구성하는 주요한 다섯 개의 축은 '진실 실천'을 추동하는 '정동 작용'이 '윤리적 기획'으로 수행되고 그것이 사회적으로 연대하는 "비판과 저항”의 ‘정치적 효과’로 요약된다.

한편 최근 한국 사회에서는 소셜 네트워크 환경에서 대중의 담론 활동과 네트워크 행위가 활발하게 전개되고 있다. 이들은 종종 자신의 경험, 느낌, 생각을 고백하고, 그 경험, 느낌, 생각을 야기한 사회적 원인을 고발함으로써 일련의 정치적 효과를 야기하는 “담론적 수행성”(Butler, 1993; 2004)을 발휘한다. 이 현상이 함축한 혁신성과 도전성 또는 한계가 바르게 이해되기 위해서는 이러한 대중적 진실 실천의 역사적 맥락화가 이뤄져야 한다. 여기에는 한국 사회에서 전개된 진실 실천의 역사적 흐름을 파악하여, 각 시대와 사회에서 고유한 방식과 의미로 변주되어 온 연속성과 단절성을 함께 이해하고자 하는 의도가 포함된다(자세한 논의는 6장을 참조하라).

진실이 위기이거나 증발되었다는 일각의 성급한 진단과 달리, 어쩌면 한국 사회에서 비로소 진실이 본격적으로 정치화되고 있다. 혹은 과거에도 항상 있었고 현재에도 진행 중인 진실의 정치화에 대한 인식이 마침내 사회 안에서 체득되고 있다. 그렇다면 중요한 문제는 이러한 진실의 정치화와 사회적 인식의 방향, 방식, 효과에 있다.

진실 실천
: 진실, 통치성, 비판

어떻게 한 인간은, 거짓을 말하거나 행하지 않으려 하고 그래서는 안 되며, 진실을 말하고 행해야 한다고, 적어도 그것을 위해 노력해야 한다고 믿게 되는가? 즉 진실에 결속된 주체화가 어떻게 이루어지는가? 진실과 주체의 관계에 대한 물음들을 푸코의 논의에 기대어 심화할 수 있다. 구체적으로 '진실'과 '비판,' 그리고 그것의 사회적 관계와 실행 차원을 가리키는 '통치성,' 이 세 개념이 주요하게 다루어진다.

우리가 허위가 아닌 진실에 자신을 결속시켜 그것을 말하고 행해야 한다는 개인적·사회적 믿음 체계 안에서 살아가고 있는 한 주체화의 과정은 진실과 본질적으로 연관된다. 주체화란 진실과 관계를 맺고 진실을 말하고 진실을 행하며 진실을 지향하는 누군가로 되어 가는 과정에 다름 아니다. 진실은 특정한 주체로의 되어 감이라는 변화의 과정을 추동하는 근본적인 가치이자 지향이 된다. 주체와 진실의 관계는 "인간 존재로서 우리는 진실을 말할 능력이 있고, 우리 자신을 변화시킬 수 있으며, 우리 자신의 습관과 태도, 우리 사회를 변화시킬 능력이 있고, 진실을 말함으로써 우리 자신을 변화"시킬 수 있음을 뜻하기 때문이다(Foucault, 2016/2017: 134). 역사가 변화를 살아가고 만들어 가는 인간의 실천 과정이라고 할 수 있다면, 진실 실천을 기준으로 해서 우리는 "우리 자신에 대한 역사적 존재론"을 설명할 수 있다(Foucault, 2016/2017: 128, 주 40).

살아 있는 삶의 경험과 변화의 과정 안에 있기에, 진실은 추상적인 무엇이 아니다. 현실적인 삶의 현장에서 실질적으로 이뤄지고 행해지는 것이다. 따라서 진실 실천은 사회관계 및 정치 질서와 복잡하게 연관될 수밖에 없으며, 이 조건 안에서 누구든 자신의 진실을 추진하거나 제어해야 하는 문제에 실질적으로 부딪히게 된다. 진실이 순수한 형이상학적 가치로 부여되는 것이 아니라 필연적으로 권력과 불가분의 관계에 있으며 그와 상호 작용하기 때문이다. 따라서 진실은 개인 형성에 관한 윤리 또는 사회적인 관계와 활동에 관한 정치적인 기획이다.

진실을 만드는 권력이 작용하고, 동시에 권력을 만드는 진실이 구축된다. 진실은 윤리와 정치, 주체와 권력을 연결하고 포괄하는 "진실의 체제regime of truth"로서 형성되고 작동한다(Donzelot. 2008). 이처럼 주체, 권력, 진실은 서로 정의하고 상호 작용하는 정치윤리적 연동체를 이룬다(Foucault, 1998).

진실이 주체에 대한 권력으로 작동하는 동시에, 스

스로 권력을 행사하는 주체의 역능을 형성한다는 관점에서 푸코의 통치성의 개념을 고찰할 수 있다. 푸코에 따르면, 통치성은 "행위에 대한 통솔"•을 뜻한다. 이는 주체가 (어떤 행위를 강요하거나 하지 못하도록 억제하는 것이 아니라) 자신의 자유로서, 스스로 행하거나 행하지 않도록 자발적으로 이끄는 힘을 의미한다. 즉 외부로부터 부과된 권력 효과가 아니라 자발적인 동기와 의지에서 특정한 일을 하거나 하지 않는다면 그것은 주체가 자아를 스스로 통치하는 자유 의지의 형식을 띤다. 통치성의 관점에서 권력은 강요나 처벌이 아니라 자발과 자유의 성격을 지닌다. 통치성의 '권력'은 긍정적이고 생산적이다. 강압적이고 처벌적이며 금지적인 '지배domination'와는 그 작동 논리와 방식이 뚜렷이 구분된다.

이처럼 권력의 안과 밖, 국가와 주체의 구분을 관통하여 작동하는 힘이 통치성이다. 국가 운영에서부터 개인들 간의 관계에 이르기까지 미시적이고 거시적인 권력의 형성, 관계 및 작용을 모두 아우르는 의미에서 통치성

• 푸코의 표현은 "conduct of conduct"로, conduct가 지닌 행위, 지도, 통솔 등의 중의적인 의미를 다각적으로 함축한다. 여기에서는 우리말의 자연스러운 쓰임과 정확한 의미 전달을 위해 각기 다른 단어를 사용했다.

은 국가의 계보학과 주체의 계보학, 정치적 합리성과 윤리적 가치를 연결하는 개념으로 이해되었다.

바꿔 말하면 통치성의 개념을 통해 주체와 권력, 윤리와 정치의 양립적인 요소들이 결합된다(Lemke, 2002: 50). 통치성은 전통적인 정치 이론에서 설명되지 못한 채 남아 있던 개념의 짝패들인 자아의 기술/지배의 기술, 주체의 형성/국가의 형성, 합의/폭력의 간극들을 메우고 연결할 수 있는 개념으로 유용하다(Lemke, 2002: 51). 왜냐하면 앞서 말했듯이 푸코에 의하면 통치성의 유형 중에서 '지배'와 '권력'은 구분되기 때문이다. 일방적이고 강제적인 성격으로 설명된 지배와 달리 권력은 주체의 권능과 책임을 적극화하고 강화하는 방식으로 지도, 독려하는 능동성과 생산성을 지닌다(Foucault, 1980; Lemke, 2002: 53).

이를테면 비판 이론의 이데올로기론에서 주체가 상상적 인식이나 허위의식에 의해 권력에 예속되는 것으로 설명하고 헤게모니론에서 주체의 도덕적인 합의에 따라 권력에 연합하는 것으로 설명하는 것과 달리 푸코의 통치성 이론에서는 주체의 윤리적 결단과 실천에 의해 권력에 찬성하거나 대항하거나 혹은 또 다른 방식들로 대응하는 다양한 주체화가 전개된다고 설명된다.

그렇다면 과연 주체의 윤리적 가치와 의지는 타인

또는 국가가 주도하는 방향과 항상 그리고 전적으로 일치할까? 그사이에 틈이 생기진 않을까? 이를테면 경쟁에서 이겨 성공하기를 유도하는 사회에서 그 게임의 법칙에 무심하며 자발적으로 일탈하는 인생들이 있다. 심신의 긍정을 찬미하는 사회에서 우울과 죽음의 세계에 매혹되는 젊음들이 있다. 더욱이 이러한 신자유주의 체제를 거부하는 대항자들은 거대 군집을 이루며 시위를 벌이고 거리를 점령하기도 한다. 일견 하나의 지배적인 가치 체계 안에 있지만 획일적인 무리가 똑같이 재생산되기보다는 나뉨과 다름과 분산과 월경이, 그럼으로써 새로운 공동성이 발생하고 발명하는 '야생'의 공간이 있다(Raunig, 2016). 라우니히가 단언했듯이, 길들이기의 환경에서조차 자신의 선을 선별하여 뚜렷하게 긋는 단독자란 늘 어딘가에 존재한다(앞의 글). 이 같은 반동이, 그저 자연적인 오류거나 일시적 우연이 아니라 분자적 욕망과 의지의 표출로서, 즉 정동의 실천으로서, 어떻게 가능한 걸까?

외부의 통치성과 자아의 통치성 사이에 발생하는 균열을 이해하기 위해, 역시 진실의 문제가 주요하다. 왜냐하면 통치성, 즉 자와 타, 개인과 사회 간의 관계와 행위는 아무렇게나 편의적으로 만들어지지 않기 때문이다. 진실에 의거하여 정당성과 합리성을 갖춘 조건에서 작동할 때만 그 권력은 동의를 구성하고 효력을 발휘할 수 있다. 또한 통치성의 행사 방식과 효과는 지배자에 의해 자의적, 억압적, 일방적으로 '미리' 결정되지만은 않는다. 주체가 진실과 맺는 관계에 따라 통치성에 대응하는 방식이 달라지므로, 통치성의 작동 방식과 효과 역시 주체의 위치마다 상이하게 나타난다. 예컨대 자신의 삶의 진실이 신자유주의가 말하는 '경쟁'의 자유가 아니라 '호혜'적인 평등에 있다고 믿는 이가 있다면, 사회의 지배적인 방향과 차별화된 민주적 주체화가 진행될 수 있다.

주권적 통치자나 타인이 행사하는 권력 작용에 대한 주체의 자유의 발휘가 인정된다면, 그 관계에는 조화와 일치뿐 아니라, 충돌, 갈등, 교섭 등 다양한 형태의 상호 작용들이 포함된다. 이는 지배적인 통치 질서에 대응하여, 주체가 생산적이고 능동적인 자아 통치성을 발휘할 수 있음을 뜻한다(Foucault, 1980). 권력에 대한 주체의 구체적인 행동 양식인 자아 통치성은 진실에 대한 윤리적 신념에서 기인하고 정치적 효과를 발생시키며, 그 실행에 있어서 진실 실천에 관한 "게임"과 "용기"를 발휘한다(Foucault, 2016/2017: 108~119).

이제 통치성 개념에 바탕을 두어, 진실 실천의 중요한 요소로서 '비판critique'을 생각할 수 있다. 진실에 대한 자유의 발휘로서 통치성을 생각한다면, 지배적인 통치 질서에 합의하는 주체뿐 아니라 그에 겨루거나 빠져나가는 저항적 주체화에도 우리는 공평한 관심을 부여할 수 있기 때문이다.

타인이든 국가든 외부에서 가해지는 권력에 대한 주체의 대응 방식은 순응에서부터 타협과 대항에 이르기까지 다양하게 열려 있다. 그중 비판은 '적어도 이런 방식으로 이렇게 통치받지 않겠다'는 주체의 선택과 결단에 해당한다. 비판은 통치화에 대한 '호전적'이며 '전략적'인 태도로서, '어떻게 통치 받지 않을 것인가'에 대한 질문을 내포한다. 그러나 비판이 완전히 통치 받지 않겠다는 식의 순진하고 완고한 반대의 태도인 것은 아니다. 오히려 "어떻게 하면 이런 식으로, 이들에 의해서, 이런 원칙들의 이름으로, 이런 목표들을 위해, 이런 절차를 통해 (……) 그들에 의해 통치당하지 않을 것인가"라는 식의, 성찰적이고 숙의적인 대응 양식에 가깝다. 예를 들어 푸코는 서구 사회에서 종교, 사법, 행정의 영역에서 "적어도 그러한 권력이 진실이라고 말했다는 이유만으로는 그것을 진실이라 받아들이지 않겠다는 것, 그것이 진실하다고 받아들이는 이유들이 자기에게 타당하다고 간주될 때에만 수용하겠다"(Foucault, 2015/2016: 44~47)는 태도로 추진된 비판과 대항의 역사를 추적한다. 이로써 비판은 주체적 진실을 위한 "자발적 불복종의 기술" 또는 "숙고된 불순종의 기술"로 정의된다(Foucault, 2015/2016: 47).

비판의 가능성을 함축하는 진실 개념은 정치윤리적 기획으로 더욱 강력한 힘을 지니게 된다. '비판'이 발동할 때 주체의 독창적인 '자기 실천'이 가능해지며, 이때 비판은 진실을 향한 주체의 생성과 변화를 이끄는 실천 양식이 된다(Foucault, 2015/2016). 왜냐하면 비판이란 "자신이 알지도 못하고 또 도달할 수도 없는 어떤 미래 혹은 어떤 진실을 위한 수단"이기 때문이며, "자신이 잘 관리하기를 바라지만 법을 제정할 능력이 없는 영역을 향한 시선"으로서 주체에게 열려 있기 때문이다(Foucault, 2015/2016: 40~41). 비판을 통해 주체는 외부로부터 부여되는 진실의 통치성에 대해 자아 통치적인 진실을 실천할 수 있다.

정리하면, 권력의 상호 작용 및 전략적 실천을 의미하는 통치화 안에서 '권력, 주체, 진실'은 삼각 구도를 그린다(Foucault, 1998). 푸코에 따르면 첫째, 통치화는 "진실을 주장하는 권력 메커니즘을 통해 개인을 예속화하려는 문제와 관련된 활동"이다. 그렇다면, 한 걸음 더 나아가 비판은 주체가 자신에게 "진실이 유발하는 권력 효과"와 "권력이 생산하는 진실 담론"을 문제화하는 "권리"를 스스로 부여하는 활동이다(Foucault, 2015/2016: 47). 진실을 실천하는 다양한 통치성들 간의 전략적인 관계 안에서, 특정한 진실 체제로부터 탈예속화하고 주체적인 진실을 추구하는 활동으로서, 비판은 유의미하다. 마지막으로 진실을 통치성과 비판의 요소들과 연결함으로써 마침내 진실 실천의 정치윤리성이 정립된다.

파레시아와 비판의 실천

비판을 함축한 진실 실천의 철학적인 형태로서 푸코는 파레시아parresia의 전통을 복귀시킨다(Foucault, 2016/2017: 358). 파레시아의 사전적 의미는 "모든 것을 말한다"이지만, 단지 수사학의 방법론이나 추상적인 이념을 뜻하는 것은 아니다. 말하기란 주체가 현실 정치와의 관계 안에서 진실을 실천하는 윤리적 행위로서 유의미하다.

푸코는 스스로 진실에 결속시키는 주체화로서 파레시아의 요건을 솔직, 위험에 대한 감수, 비판, 자유, 용기로 제시했다(Foucault, 1988). 파레시아는 주체가 진실과의 관계를 지속적으로 형성하고 자기 수양하는 "자아의 기술Technologies of the self"로서, "세계와 인간의 삶, 자유, 필연성, 행복"에 관한 가치와 행동의 합리적 규칙을 제공하는 "자기 미학"의 일환이다(Foucault, 2016/2017: 355). 파레시아의 실천을 통해 주체는 진실, 자신, 타자, 법과 윤리적인 관계를 맺게 된다(Foucault, 2016/2017: 101).

> 파레시아는 일종의 발언 행위이며, 그 속에서 화자는 솔직함을 통해 **진실**과 일정한 관계를 설정하고, 위험을 통해 **자신의 삶**과 일정한 관계를 수립하며, 자유 및 의무를 통해 **법**과 일정한 관계를 수립하고, 자아비판이나 타자에 대한 비판 등 비판을 통해 **타자**와 일정한 관계를 수립합니다. 더 정확히 말해 파레시아는 발언 행위인데, 이 행위 내에서 화자는 생명의 위험을 감수하고 진실과 자신이 맺는 개인적인 관계를 표명합니다(Foucault, 2016/2017: 101, 강조는 인용자).

파레시아가 단순히 형이상학적인 규범이 아니라 매우 구체적이며 현실적인 진실 실천의 원리이자 기술임을 알 수 있다. 진실의 게임에서 자신과 타자를 통치하는 관계 안에서 대화적으로 발휘되는 파레시아이기에, 그 게임의 맥락마다 구체적인 현안들이 돌출한다. 과연 '누가' 진실을 말할 능력이 있으며, 어떤 '주제'의 진실이 중요하고, 그 '도덕적·윤리적·영적 조건'은 어떠하며, 그러한 진실 말하기의 '긍정적 결과나 효과'는 무엇인가라는, 진실 실천의 주체, 주제, 조건, 효과를 진단하고 해석하는 문제들이 제기된다(Foucault, 2016/2017: 357). 또한 진실 실천에서 비판이 지니는 중요성을 상기한다면, 일정한 진실 체제에 대해 비판적으로 대응하는, 즉 "'아래'로부터 생겨나 '위'로 향하"는 파레시아의 정치적 도전성의 함의에 대해서도 이해할 수 있다(Foucault, 2016/2017: 98).

파레시아는 정치적 상황과 사회적 변동에 밀접하게 연관되며 역사적으로 변화해 왔다. 실제 그리스 역사에서 관찰되듯이 당대의 정치사회적 정황과 맞물리며 파레시아의 "진실, 자유, 정치권력, 발언 행위"(Foucault, 2016/2017: 201)에 관한 논쟁이 발생한다(예를 들어 정치적, 가정적, 개인적 탁월함에 관한 논쟁들). 푸코는 BC 5세기 소크라테스에 이르러서, "누가, 무엇에 관한 진실을 말하며, 그 진실 말하기의 결과는 무엇이고, 또 진실 말하기는 권력과 어떤 관계를 맺는지"에 관해 주체, 주제, 효과, 권력 관계 등의 네 계열의 문제가 대두했다고 본다(Foucault, 2016/2017: 358).

구체적으로 '누구나 파레시아가 될 수 있음'이라는 법적 평등 원칙이 파레시아의 개인적, 사회적, 정치적 능력에 있어서의 차등 및 선택 질서와 충돌한다. 이를테면 파레시아가 될 수 있는 법적, 신분적, 지적 능력과 자격은 어떻게 인정되는가, 파레시아를 알아볼 수 있고 받아들일 수 있는 청자의 능력과 자격은 무엇인가, 파레시아가 데모스demos(그리스의 인민)의 선호에 따라야 하는가 아니면 자신의 신념을 말해야 할 것인가, 데모스의 의지에 호응하는 파레시아가 반드시 폴리스의 민주적 이익에 기여하는 것은 아니리라는 정치적 우려 등이 나타나기 때문이다(Foucault, 2016/2017).

일례로 푸코가 "파레시아의 위기"라고 표현한 사건은 BC 5세기경 그리스의 사회정치적 변화가 진행되는 가운데 '정치적 파레시아'와, '철학적 파레시아'가 분화되는 과정을 가리킨다. 철학적 파레시아의 등장은 정치적 파레시아에서 강조된 요소인 로고스, 즉 진실에 대한 합리성과 논리성이 점차 개인의 윤리적 태도와 관련되는 비오스(삶)의 영역으로 이동하는 경향을 보여 준다(Foucault, 2016/2017: 241~264). 정치적 파레시아와 철학적 파레시아는 주제, 조건, 목표 등의 여러 범주에서 비교된다.

정치적 파레시아는 개인의 탁월성에 기초한 '특권privilege'으로서 타자들을 지도하고 안내하기 위한 목적으로 행해지며 그 성공적인 효과는 시민들의 의견을 단합하는 정치적 성과에서 찾아진다. 이와 달리 철학적 파레시아는 진실을 언행으로 구현하는 '책무obligation'로 수행하며 자신의 진실을 고백하거나 해명, 증언함으로써 '두 존재들의 결속'을 이루고자 한다. 전자가 우월성에 기초를 둔 진실 말하기라면 후자는 영혼과 정신에 대한 안내를 통해 자신과 타자의 삶과 관계를 변화시키려는 목표를 지녔다. 따라서 철학적 파레시아에서 중시되는 요소는 두 존재 사이의 우정과 사랑이다(Foucault, 2010). 페다고지와 사랑을 함께 품은 포용, 호혜성, 친밀성의 관계 안에서 타인의 영혼을 지도하고 통치하는 역할이 강조되었다. 또한 (페리클레스로 대표되듯이) 시민이라면 누구나 발언할 수 있는 권리가 법으로 인정되는 평등의 조건 안에서 발언하는 정치적 파레시아와 달리, (소크라테스의 운명이 시사하듯) 철학적 파레시아는 자신의 안전이 보장되지 않는 상태에서, 죽음의 위험을 감수하고서라도 진실을 말하고 행한다.

그러나 이러한 양자 간의 차이에도 불구하고, 정치적 파레시아와 철학적 파레시아가 완전히 분리되거나 배타적이지는 않았다. 철학적 파레시아는 정치적 파레시아로부터 자율적이되 항상적인 연관성 안에서 "정치를 향해 자극하고 주장하는 외부성restive and insistent exteriority towards politics"으로 기능했다(Foucault, 2010: 351). 덧붙여 푸코(2011)는 콜레주드프랑스의 마지막 강연록에서 파레시아의 마지막 형태로서 디오게네스를 포함한 견유학파를 새로운 시각으로 해석한 바 있다. 견유학파의 특징은 단지 말하기로서가 아니라 삶 속에서 주체의 실존을 통해 진실을 직접 실행하고 체현한 점에 있다. 그들은 사회에서 금기시되는 행위를 감행하여 규범과 상식을 넘어서고 그에 도전을 가하는 방식을 취했다. 이에 삶 안에서, 삶을 통해서, "특정한 삶의 스타일"로서 진실이 체현되고 가시화될 수 있도록 한다. 이러한 견유학파가 실천한 파레시아의 미덕은 "진실에의 용기"로 집약된다(Foucault, 2011: 172~174).

이로써 파레시아의 관점에서 새로이 서술되는 서구 철학의 역사는 진실을 매개로 한 "정치, 비판, 주체화"로 요약된다(Foucault, 2010). 이 시각에서 진실 실천은 외부적이고 비판적이며 주체적이다. 즉 정치에 대해 요구하는 "외부성"으로서, 그리고 환영, 기만, 아첨을 따르는 지식으로서가 아니라 그에 대한 계속적인 "비판"으로서, 마지막으로 주체를 소외하는 철학이 아니라 "자신과 맺는 관계가 변형되는 형식에 대한 정의"로서 "주체"를 포괄한다(Foucault, 2010: 354). 다시 말해 파레시아는 진실의 체제 안에서 행사되는 통치성, 그에 연관된 외부성으로서의 윤리, 이들을 관통하는 주체의 진실 실천의 문제를 함축한다. 또한 정치적 파레시아로부터 철학적 파레시아의 분화 현상에서 보았듯이, 진실 실천의 역사는 불변의 절대적인 원칙이 아니며, 항상적인 변화를 겪는 불안정하고 유동적인 역사라는 사실 역시 중요하다. 이 점에서 푸코는 파레시아의 계보학을 통해 비판성을 축으로 하는 "파레시아의 기획"으로서 서구 철학의 역사를 조망했다(Foucault, 2015/2016: 349).

흥미롭게도, 파레시아의 주체, 주제, 효과, 권력 관계의 물음들은 오늘날 한국 사회를 비롯해 세계 각 지역에서 다양한 형태로 분출되고 있는, 진실과 정치의 관계에 대한 논쟁들과 매우 유사하다. 미국의 트럼프 대통령 집권, 영국의 브렉시트 같은 대형 사건에서 사실이 오도되고 진실이 무마되며 허위 조작 정보misinformation가 창궐하고, 극우·보수적인 이념이 강화되는 과정들에서 본격화된 포스트진실post-truth의 논쟁이 대표적이다(McIntyre, 2018; Mouffe, 2018). 아울러 디지털 네트워크 환경에서 사실과 의견, 정보와 허위, 객관적 규칙과 사적 이해관계, 사회적 합의와 이념적 주장의 구분이 흐려지고, 각 짝패의 후자를 위해 전자가 전용·오용·남용되는 현상은 사회 전반에 심각하게 확산되며 심지어 일상화되고 있다. 진실을 추구하고자 하는 신념을 근거로 하는 민주주의가 심하게 위협받으며 이념과 진실, 맹신과 가치가 혼재한다. 이 상황에서 진실 정치, 이를 수행하는 윤리적 원칙과 기술로서 진실 실천은 매우 중요한 함의를 지닌다.

파레시아에 대한 이해는 주체가 진실과 결속하는 관계를 의미하는 만큼, 우리의 관심 주제인 정동의 문제와 밀접한 연관성을 지닌다. 자신 삶의 원천으로서 어떤 진실을 믿고, 무엇을 지향하며, 어떻게 실천해야 하는지라는 물음을 통해 정동의 윤리와 진실의 정치 사이의 연관성을 구성할 수 있다. 또한 정동이 본질적으로 집합적이고 사회적인 것일 때, 민주주의를 위해서 어떠한 “정동적 공중”(Papacharissi, 2014)이 구성되고 공존할 수 있는지에 대해 질문하게 된다. 마지막으로 특정한 통치성 안에서 어떠한 진실 실천이 상상되고 전개될 수 있는지, 어떻게 자유롭고 성찰적인 비판을 통해 지속 가능한 변화로 나아갈 수 있는지에 대한 모색과 노력이 추진되어야 한다.

II

4장

행복

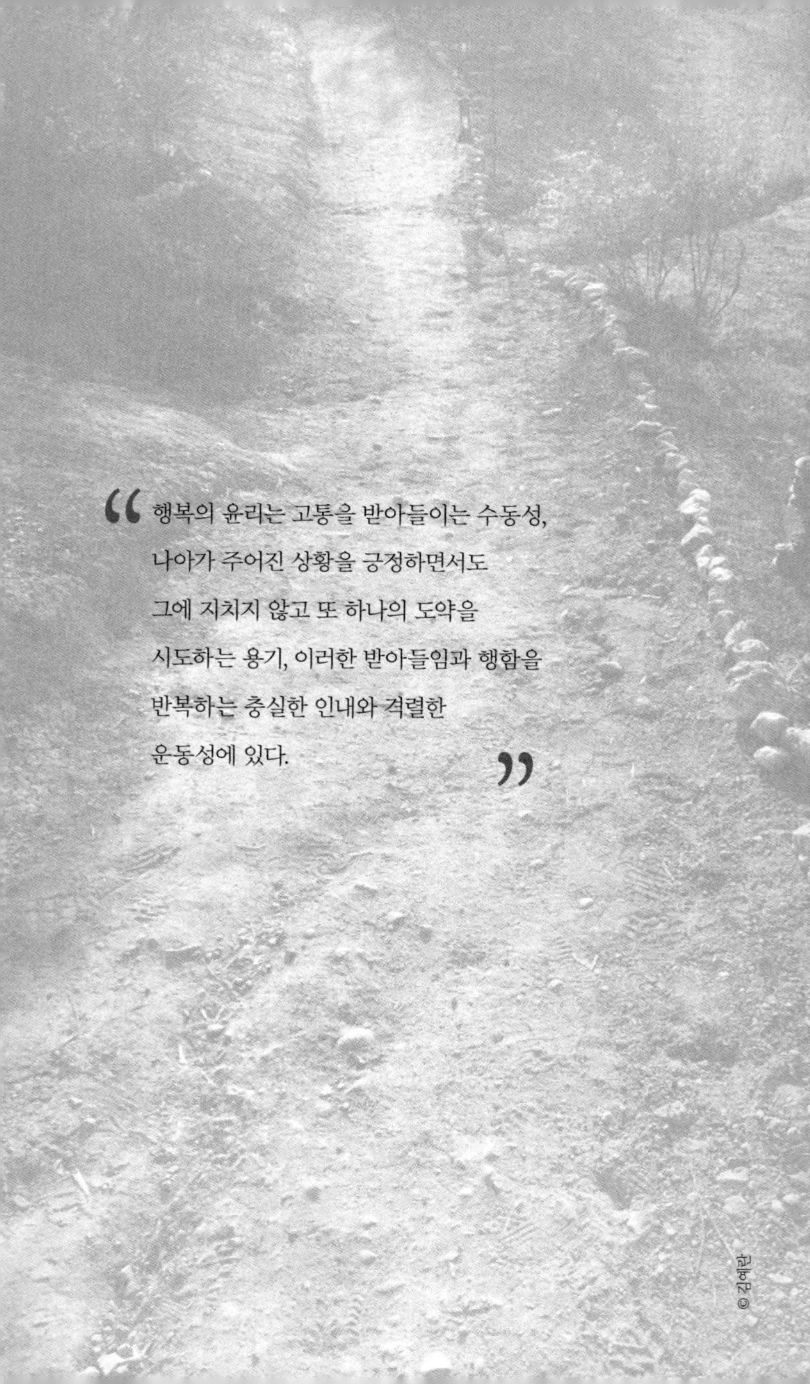

"행복의 윤리는 고통을 받아들이는 수동성,
나아가 주어진 상황을 긍정하면서도
그에 지치지 않고 또 하나의 도약을
시도하는 용기, 이러한 받아들임과 행함을
반복하는 충실한 인내와 격렬한
운동성에 있다."

© 김예란

정동에 관한 이론적 접근에 이어 이제 그 개념과 사고를 사용하여 우리 삶의 현실을 해석하고자 한다. 그 첫 번째 주제는 행복이다.

앞에서 짧게 언급했듯이 행복은 삶의 근거이자 목적이다. 그렇다면 어떤 욕망, 의미, 가능을 가지고 어떠한 행복을 바라고 실천하는가는 가장 근본적인 삶의 가치가 된다. 또한 자본주의 체제 및 신자유주의 질서 안에서 행복은 가장 심각하고 강하게 오염되고 착취되는 자원이기도 하다. 따라서 이 장에서는 정동 윤리의 근간으로서 행복의 의미를 회복하고, 그것에 보다 참되고 선하고 아름답게 다가갈 수 있는 방법을 모색한다.

행복으로의 전회

비참한 몸은 무엇을 할 수 있을까? 그것에 남은 상처는 어떻게 되어 갈까? 시간이 갈수록 딱지가 생겨 덮어지고 흔적으로 남는가, 혹은 새로운 몸의 역능으로 되살아날 수 있는가? 마음이, 말이, 몸을 변화시킬 수 있는가? 혹은 그 역은 가능한가? 내가 집중하는 지점은 미세하고도 통렬한 순간, 비참한 몸이 마침내 말을 하게 되는 전환적 찰나다. 이 질문들은 삶의 생기를 잃은 채 불안하고 비루하게, 힘겨운 삶을 살아가는 우리 시대의 많은 사람들에게 대부분 적용될 수 있을 것 같다.

정동에 관한 문화연구는 주로 분노, 혐오, 고통과 같은 '부정적'인 감정이 생성하는 정치미학적 전복성에 주된 관심을 둔다(Ngai, 2007). 이는 적어도 부분적으로는, 이론의 본연적인 책무인 바, 현상에 대한 비판적 분석에 대한 필요에서 기인한다고 이해된다. 그래서 퀴어나 이민자처럼 규범적 기준과 질서에 의해 부당하게 '불편'한 자로 규정된 주체들에 대한 복원과 지지, 그리고 행복과 불행을 부당한 방식으로 배치하고 부여하는 사회 구조에 대한 정당한 고발이 정동 연구의 주된 논지를 이루었다(Ahmed, 2010; Ngai,

2007; Sedgwick, 2003). 그렇다면 비판 이후에는 어떠한 탐색과 노력이 필요하고 가능한가? 날카롭고 급진적인 해체와 더불어 새로운 가능성을 바라보거나 싹틔우는 실행이 요청된다. 존재의 삶에 생성과 변화가 지향되고 그를 위한 노력이 만들어지기 위한 긍정화의 노력이 필요하다.

나는 행복이 그런 변화와 생성의 정동이라고 생각하면서, 비참한 절망에서 사유할 수 있고 사유되어야 하는 정동적 가치로서 행복을 궁구한다. 그러나 행복에 대해 생각하는 일이 대체 어떤 소용이 있을까, 행복이란 어쨌거나 직접 체험하고 느껴야 진정한 것 아닐까. 이 질문에 대해, 생각과 경험을 분리하며 단순화하지 않는 일이 중요하다. 사유하기란 정동의 발생과 실행이라는 점에서 그 자체가 창조다(Deleuze, 1983). 따라서 행복에 대해서 생각하기란 행복이라는 정동의 생성이기도 하다.

행복의 윤리를 시도함에 있어 매우 조심스러운 준비 작업이 우선되어야 한다. 우선 행복의 윤리적 가치는 일상적으로 사용되는 통속적인 행복 개념과 구분되어야 한다. 다소 강하게 말하면, 이후에 행복 장치의 개념을 통해 논의되듯이, 행복이란 단어는 현대 사회 — 자본주의, 신자유주의, 소비주의 등 현대 사회를 묘사하는 단어는 그 지독한 함의와 함께 무수히 나열될 수 있다 — 에서 포획되어 애용되고 많은 경우에 심히 오염되었다. 그 포획과 애용과 오염의 폭은 상업 영역에서부터 학문 영역으로까지 방대하다.

대표적으로 대중 심리학이나 자기계발 담론에서 애용되는 단어가 행복이다. 사라 아메드는 일상, 학계, 산업, 정책의 전 영역에서 행복에 대한 관심이 폭증하는 현상을 가리켜 "행복으로의 전회happiness turn"라고 부르면서, 이 전환을 이끈 거대한 상업적 기제를 "행복 산업happiness industry"이라고 표현한다. 웰빙well-being, 웰다잉well-dying, 웰에이징well-aging 등 갖가지 "좋은 상태"를 뜻하는 단어들을 끼고 발달한 건강, 미용, 레저, 의학, 심리학 분야들을 쉽게 떠올릴 수 있다. 이처럼 육체적이거나 심리적인 편안, 건강, 쾌락을 개발하여 판매하는 상업 수단들이 나날이 증식하는 현상은 이미 잘 알려진 후기 자본주의 사회의 현실이다.

행복에 관한 이론들도 환영받고 있다. 대형 서점의 인기 서적 코너를 점령하고 있는 많은 책들이 행복을 설파하고 있다. 행복을 성취하기 위한 그들의 제안은 가지각색이다. 혼자 있기/모여 있기, 조용히 쉬기/요란하게 놀기, 꾸미기/버리기, 사랑받기/미움받기 등 인간의 거의 모든 행태가 행복을 구입하기 위한 기술로 가공되고 있다. 방금 열거한 내용처럼 서로 반대되는 요소들이 모두 행복하기 위한 방법론으로 소개되고 있으므로, 결국에 사람들은 행복을 위해 무엇을 구해야 하며 무엇을 피해야 하는지 갈피잡기조차 어려워진다. 하나의 공통점이 있다면, 이들 행복론은 외부와 적절히 거리를 유지하되 현실의 가치체계에 흡수된 방식으로 생활을 경영함으로써, 현실적인 불편과 위협으로부터 자신을 안전하게 분리하면서 효율적이고 실리적인 인간관계를 설계하기를 강조한다.

행복 산업은 미디어 서비스와 정부 정책으로까지 확장되었다. 행복 산업의 주된 '관계'와 '친교'를 의미하는 '소셜' 미디어에서조차 행복을 위해 '고독'이 활용된다. 최근 카카오톡에서 유행한 '고독한 ㅇㅇ방'에는 익명의 참여자들이 즉흥적으로 단톡방을 만들어 채팅에 참여한다. 누구든 어떤 주제든 말하기가 허락되는 이 방에서 준수되어야 하는 유일한 규칙은 '짧게' 말해야 한다는 것이다. 이른바 짤방, 즉 이미지 한두 개로 자신의 말을 대신하는 방법이 선호되기도 한다. 초연결된 사회에서 과잉된 인간관계로 피곤한 사람들이 그럼에도 불구하고, 아니 그럴수록 쌓여가는 고독을 유연하게 관리하기 위한 소셜 네트워크 활용법이라고 할 수 있다. 아닌 게 아니라, 외로움은 하루 담배 15개비 흡연에 맞먹을 만큼 인간 건강을 위협하는 가장 치명적인 유해 요소이며, 국가적으로 관리되어야 할 '위기'로 지목되고 있다(Jones, 2020). 2018년 영국에서는 외로움에 대응하기 위한 국가 전략이 수립되었고 이를 전담하는 정부 부처 장관Minister for Loneliness이 임명되었다.

이 가운데에서 존재하고 행위하며 변화하는 힘으로서 행복이라는 정동을 생각해 본다. 취득해야 하는 목적의 개별 대상으로서 행복이 아니라 원망, 가능, 의지를 뜻하는 정동의 윤리로서 행복을 이해한다. 행복의 주체화는 행복이라는 윤리적 가치를 위해, 스스로 변화하며 특정한 선택을 향해 움직여 가기를 노력하는 과정이다. 이때 (영원한 회귀의 다양성, 차이, 선택의 논리에서 보았듯이) 행복이란 단일하게 규정되거나 고정될 수 없으며 기쁨과 슬픔을 끌어안고 끝없이 지속되어야 하는 생성적인 운동력이다.

행복 장치

실로 현대 사회는 '좋다고 느끼도록' 만들기를 목표로 하는 '행복 산업'으로 가득 차 있다(Ahmed, 2010; Davis, 2016; Gill & Orgad, 2016). 상업적인 접근에서부터 학술적인 접근에 이르기까지 행복 산업은 '좋은 삶'을, 크고 작은 물질적 자본을 투자하여 어느 정도의 확실성 내지 불확실성을 안고 성취 혹은 구입해야 하는 상품으로 공정하며 나날이 새로운 유행의 물결을 만들어 낸다. 때로는 '커다랗게(대박),' 때로는 '작고 확실하게(소확행),' 어떤 계절엔 '높고 날카롭게(킬힐),' 다른 계절엔 '납작하게(플랫 슈즈),' 행복은 상상되고 욕망된다. 유행은 공동체 안에 속해 있다는 안도감을 판매하면서 함께 남과 달라 보이고 싶어 하는 구별 욕구를 충족시키는 마법을 지녔다(Simmel, 1957). 행복 산업에 있어서도 유행의 마력은 예외가 아니어서 다각적인 행복 상품 소비 촉진에 혁혁한 기여를 한다. 특히 미디어는 행복 이미지를 나날이 다각화하고 새롭게 개발하여 유통시키는 데에 커다란 영향력을 발휘한다.

단지 상품만이 아니다. 행복 추구에 관한 인간의 역사는 매우 넓고도 길다. 대중적 또는 전문적으로, 제도적 또는 일상적으로, 행복에 대한 인식, 측정, 평가, 개발의 노력이 지속되었다.

행복에 대한 여러 실용 학문들은 행복의 정의, 실행 방식, 효과를 설명하기 위한 과학적 방법론을 계발하는 데 주력하고 있다. 이를테면 행복과학science of happiness은 행복에 대한 체계적 설명 체계로 자리 잡으며 개인과 사회, 나아가 국가의 행복 정도를 계량화하여 우열의 위계 논리 안에서 평가할 수 있는 방법론을 개발했다. 여기서 행복은 행복 지수hedonimeters로 환원되어 측정 가능한 대상으로 간주된다. 행복과학 분야의 저명한 경제학자인 리처드 레이어드Richard Layard는 소득 지수 대신 행복 지수가 개인과 사회의 진정한 진보, 즉 삶의 질의 정도를 알려 준다고 주장한다(Hesmondhalgh, 2017; Layard, 2006).

이를테면 우리는 '국민 행복 지수(Gross National Happiness: GNH)'라는 개념을 통해 느리고 편안함을 지향하는 부탄이 가장 행복한 나라며, 경제적으로 풍족한 국가보다 그렇지 않은 국가에서 사는 사람들의 행복도가 높다는 식의 담론에 익숙하다(김진주, 2018). 또한 유엔은 매년 3월 20일을 '국제 행복의 날International Day of Happiness'로 지정하여 인류의 행복 향상을 위한 연구 및 사업 기획을 도모하고 있다. 일상에서도 '행복론'을 알리는 광고 문구가 거리에 뿌려져 있는가 하면, 행복 연구와 긍정 심리학은 광범한 대중성을 확보하며 베스트셀러의 탄탄한 영역을 이루고 있다. 행복학 분야의 대표적인 국제 학술 저널인 〈행복 연구 저널*Journal of Happiness Studies*〉의 부제가 "주관적인 웰빙"에 관한 학제적 접근인 사실에서 암시되고 행복에 관한 긍정 심리학을 본격화한 마이클 아가일Michael Argyle의 《행복 심리학*The Psychology of Happiness*》(2002)

에서 두드러지듯이, 행복은 자기 마음먹기에 달린 것으로서 "더 좋다고 느끼면 더 좋아지는 것to feel better is to get better"으로 설명된다(Ahmed, 2010: 7~8).

더욱 과거로 올라가면 찾을 수 있는 유명한 예로, 아리스토텔레스의 행복eudaimonia에 관한 이론에서부터 제러미 벤담Jeremy Bentham을 포함한 공리주의자의 '최대 다수의 최대 행복'의 원칙에서 표명되었듯이 행복은 양적으로 육성·증대 가능한 대상으로 추구되었다. 또한 근대 경제학의 기초를 세운 정치경제학 전통에서 애덤 스미스Adam Smith를 비롯한 경제학자들은 자원의 증대 및 배분의 합리화를 통해 국가의 부를 확대하고 구성원들의 행복을 증진하기를 목표로 삼았다(Hesmondhalgh, 2017).

이처럼 행복으로의 기획이 반드시 아메드의 행복산업 개념처럼 시장과 상품의 형태로 확장되는 것만은 아니다. 방향과 정도의 차이는 있지만 행복에 대한 보다 진지한 학술적 혹은 대중적 담론 역시 행복에 대한 관심의 확장에 중요한 기여를 해 왔다. 전통적으로 종교는 모든 이의 행복을 기약하는 중요한 사회적 제도로 기능해 왔다. 현대 세속적인 사회에서 종교의 영향력은 다소 희박해졌다 하더라도 명상, 요가와 같은 심신의 단련 프로그램이 일종의 종교적 역할을 대신한다. 이를테면 '힐링'과

'세러피'라는 편안한 명칭을 붙인 수많은 서비스가 현대인의 행복 프로그램으로 대중화되어 있다. 또한 평화와 고요를 지향하는 유형과 반대로 격렬한 경쟁과 성공을 촉진하는 프로그램들도 행복을 말한다. 경제·사회·문화 자본들을 확장하고 효율적으로 경영하고자 하는 의지를 북돋워 주는 자기계발 프로그램은 행복 획득에 유리한 인간형을 육성·판매하는 획기적인 시장으로 자리잡았다(서동진, 2009).

또한 철학의 역사에서 주요한 줄기 중 하나는 행복의 주제를 중심으로 발전해 왔다. 이는 말할 필요도 없이, 행복이 인간의 삶, 혹은 인간됨의 본질이기 때문이다. 푸코(1988)는 '행복'을 성취하고 삶의 질을 고양하려는 목적으로 자신을 변화시키기 위해 몸, 마음, 영혼, 삶을 특정한 방식으로 실행하는 일련의 기획을 "자아의 기술technology of the self"이라고 개념화하면서 그 실천의 계보학적 뿌리를 고대 그리스에서 찾는다. 자아의 기술에서 행복은 주체의 행복을 사유하고 훈련하며 고양하기 위한 방법론이자 목적이다. 한편 자본주의 체제에서 행복이란 단지 개인적인 차원에서의 마음가짐과 행동 양식의 범위로 한정되지 않는다. 사회적인 차원에서 행복의 의미, 실행, 구현 형태가 다양하게 발굴되며 개인의 삶이 특정한 방식으로 운영되도록 유도하는 막강한 영향력을 미친다. 이는 제도, 규범, 기술, 상품, 언술 등 전 영역들의 총체로 발전했다(Rose, 1999). 행복에 대한 말과 행동의 지침들, 이것을 더욱더 자극하고 조직하며 확장시키는 사회 체계가 작동한다. 놀랍지 않게, 자본주의 체제에서 이 질서는 수익의 창출이라는 궁극의 목표 안에서 운영된다. 이 거대하면서도 정교한 질서의 작동, 그에 관한 구조와 행위와 사고는, 정치철학에서 말하는, 일종의 "장치dispositif"(Agamben, 2009; Foucault, 1977)에 해당한다.*

이처럼 개인적인 차원에서 자아의 기술로 실행되는 윤리적 기획이면서, 사회적인 차원에서 구성원들의 사고와 행동 양식을 유도·통제하는 거대한 체계로 작동한다는 점에서, 그리고 아메드의 행복 산업 개념을 비산업적인 영역까지 포함하는 범위로까지 더욱 확장할 필요에서, 나는 행복에 관한 일련의 물질적·담론적 장치를 '행복 장치'라고 부른다. 행복 장치에는 종교, 교육, 가족 및 친족 제도, 학문적·대중적 담론, 일상화된 교육 프로그램,

* 아감벤에 따르면, '장치'란 살아 있는 존재를 포획, 정향, 결정, 개입, 모델화, 통제할 수 있는 담론 또는 물질적 권력 체계를 뜻한다(Agamben, 2009).

소비 상품과 서비스, 안전과 복지를 포함하는 국가 정책, 법, 가장 기본적으로는 행복을 향하는 개인들의 일상적 몸짓과 말소리(예를 들어 행복을 비는 축원) 등 우리의 삶을 구성하는 거의 모든 요소가 포함된다.

행복 장치의 정치적 방향이나 사회적 함의는 미리 평가되어 단언될 수 없다. 누가 어떤 쓰임새를 염두에 두고 어떻게 실행하느냐에 따라 장치의 잠재성이 다각적으로 달라질 수 있기 때문이다. 자본주의, 국가주의, 가부장주의 등 구조 차원에서 거시적으로 구축된 장치의 쓰임새가 개인 하나하나의 몸가짐에 그대로 체득될 수 있다. 그렇게 구조화된 힘은 구성원의 몸과 의식에 각인되며 그의 심신을 길들여서 의도적이거나 습관적인 행위로 나타난다. 그러나 반대로 구조화된 장치의 힘일지라도 행위자의 일탈 혹은 대항 행위로 인해 변형되어 나타날 수 있다. 가령 이성애적인 가부장제가 확고한 장치이기에 그에 맞추어 주체화(훈육, 순응, 동의)된 대부분의 인간들은 자신과 다른 성별의 파트너를 만나 결혼한다. 그러나 그 안에서도 다른 형식의 사랑을 하는 이들 — 동성애, 양성애 등의 퀴어 — 도 분명히 유의미하게 존재한다. 아울러 여러 장치들이 접합하며 다양한 효과들을 만들어 내기도 한다. 유튜브는 전 지구적 디지털 자본주의의 중심에 위치한 강력한 플랫폼 장치이지만, 누가 그것을 어떻게 전유함에 따라, 퀴어가 사랑을 나누는 하위문화 공간으로 변모하기도 한다. 덕분에 인류 역사상 가장 풍부하게 퀴어 문화가 가시화되는 시대가 열릴 수 있었다(Raun, 2018). 이처럼 장치의 힘이 어떠한 실제적 효과로 현실화될지는 열린 문제로, 구체적인 행위자들의 선택과 결단에 의해 다양해질 수 있다.

현 세계에 거의 무한할 정도로 작동하고 있는 행복 장치들의 쓰임새와 효과를 보다 바르게 '행복'하게 실행하기 위해선 그에 관한 윤리가 필요하다. 행복에 대한 과잉된 욕망과 혼란이 뒤섞여 있는 상황에서 내가 생각하는 행복의 가치를 세심하게 분별하여, 불행의 상황에서 새로움을 열어 만드는 행복의 가능성을 탐색하고자 한다. 반복하면, 사유하기란 창조하기다(Deleuze, 1983). 하나의 가능성으로서 행복에 대해 생각하기란, 어쩌면 행복을 생성하기의 한 시작이 될 수 있다.

행복 윤리

정동의 논의를 바탕으로 행복에 접근해 본다. 정동의 복합적이고 운동적인 과정을 주체는 어떻게 견디는가, 그것이 불행한 것이라면 그 책임 혹은 운명을 짊어질 이유나 의미란 과연 무엇일까, 끊임없이 흔들리는 정동의 폭풍 안에서 행복은 어디에 존재하며 어떻게 다가갈 수 있는가.

정동의 본질인 운동성과 변화성을 이해한다면(I부 참조), 행복에 대한 문제를 생각함에 있어 "행복이란 무엇인가"라는 형이상학적인 질문보다 "행복에 대한 욕망이 우리에게 어떤 작용을 하는가"라는 실질적 질문이 더 적합해 보인다(Ahmed, 2010). 이 물음 형식은 행복을 특정한 수단을 동원하여 획득할 수 있는 대상으로 간주하기보다는 정동으로서의 행복이 사회 관계 속에서 어떻게 형성되고 작용하며 어떤 효과를 창조하는지에 더 큰 관심을 지닌다(Ahmed, 2004; 2010).

그렇다면 행복은 우리로 하여금 어디로 이끄는가, 무엇을 하도록 만드는가? 이 질문은 행복의 본질을 정확하게 겨냥한다. 왜냐하면, 행복은 우연성, 운동성, 외부성을 지닌 개념이기 때문이다. Happiness라는 단어에서 hap은 happen이나 perhaps에도 포함되어 있는, 기회와 우연이라는 뜻의 명사 hap과 동일한 어원을 지닌다. 즉 우연히 일어날 수 있고 만날 수 있는 '가능성'으로서 행복인 것이다. 따라서 행복은 실제로 존재해서 잡을 수 있거나 확실히 보장되어 있는 것이기보다는, 다른 대안성을 상상하고 실현의 가능성을 꿈꾸며 그를 향해 나아가기 위해 능동성을 발휘하는, 지속적인 정동의 운동을 의미한다(Ahmed, 2010). 이 점에서 아메드(2010)의 표현("The promise of happiness" ― 그녀의 저서 제목이기도 하다)처럼, 행복의 실체보다는 오히려 행복에 대한 '약속'이 주체로 하여금 그만의 특이한 방향으로 살아 나아가도록 이끄는 동인이 된다. 불행의 시간에 불가능해 보이는 가능성을 향해 모든 고난과 고통에도 불구하고 나아가기를 멈추지 않는 운동이기에, 행복 개념에는 변화와 급진의 의미가 포함된다.

이와 유사하게 알랭 바디우에게 행복이란 주체가 진리를 조우하게 되는 무대를 여는 정동적 사건이다. 우선 바디우는 주체를 보편의 "진리"가 "사건"이라는 특이한 지점과 만나 맺어지는 일종의 "매듭"으로 해석한다(Badiou, 2015/2016: 52~53). 이 매듭을 통해 애초에 모든 가능성인 보편이, 주체의 결단과 선택에 의해서 특정한 구체로 실존할 수 있게 된다. 수많은 가능성 속에서 다름 아닌 바로 이 결합, 이 '마주침'이 이루어지게 되는 유일한 근거는 그 매듭에서 생성될, 자신의 행복을 추구하고자 하는 주체의 결단에 있다. 다만 행복해지리라는 "필연성이란 실존하지 않으므로," 이러한 보편과 구체의 단속적인 마주침의 과정에서 선택되는 "우연적 결합contingency"으로서만 행복은 만나질 수 있을 뿐이다(Badiou, 2015/2016: 64).

바디우(2016)의 행복론으로부터 행복이 만드는 정동 효과를 깨달을 수 있다. 바디우는 행복이 주체와 세계의 한계를 넘어서도록 이끈다고 주장한다. 왜냐하면 주체는 자신의 경계 바깥을 인식하고 그 너머를 상상함으로써 개체의 보존이라는 단순한 목표 너머의 무언가를 지향할 수 있기 때문이다.• 그는 만일 당신이 "되도록 정해진 무엇 외에 다른 것"이 되기 원한다면, 오로지 "마주침"을 믿으며 "금지된 것"에 충실히 임하고 "불가능"의 길을 고수하라고 권한다. 그러면 그 길이 비록 하나의 고통에서 다른 하나의 고통으로 옮겨가고, 하나의 절망에서 다른 희망을 기다리는 '공백'과 같은 시간일지라도 바디우가 베케트를 인용하듯이, "행복을 알아갈" 수 있다(Badiou, 1995/2013; 2016: 68). 바디우의 강조처럼 언제나 행복은 불가능한 것의 향유이고, 긍정은 불가능했던 무언가가 이제는 실현될 수 있으리라는 가능성의 약속이다. 따라서 어느 정도의 절망은 행복의 필수 조건이다.

• 이렇게 볼 때 행복은, 바디우의 유명한 네 개의 유적 절차(정치, 과학, 미학, 사랑)와 그에 해당하는 정동(열정, 지복, 쾌락, 기쁨)의 요소인 정치적 열정, 과학적 지복, 미학적 쾌락, 사랑의 기쁨 중 무엇에라도 연결될 수 있다(Badiou, 2015/2016).

이처럼 행복을 향하는 움직임은 되어 가기와 가능성의 열림이다. 이 과정에서 주체가 도래한다(Badiou, 2015/2016: 87). 보편적인 진리가 구체적인 사건으로 맺어지는 마주침, 미리 알려지지도 않았으며 계산도 불가능한 어떤 가능성에 대한 이 마주침에서 주체의 결정에 따라 고유한 주체-되기의 흐름이 진행되기 때문이다(앞의 책: 65). 늘 되어 감의 주체이기에, 행복을 향하는 주체는 틀 지어진 정체성 안에 머물지 않는다. 오히려 그로부터 이탈하는 "내재적인 예외"이고 세계의 "예외적인 귀결"이다. 그래서 한편으로 행복은 자유다. 동시에 다른 한편으론 불가능의 경계를 넘는 이행을 실천하기 위해 자신이 독자적으로 만든 규율에 엄격하게 임하고 고난을 인내하는 "충실한"(Badiou, 2013/2014) 수행이 요청되기도 한다. 따라서 행복은 자유와 노력의 역설적인 결합이다.

행복이 고투 어린 수행을 통해 예외의 경계로 넘어서는 과정이라는 맥락에서 바디우는 '만족'과 '행복'을 구분한다. 전자는 현질서와 가치 체계를 받아들이고 그에 자신을 적용하고자 하는 순응적인 태도다. 개인적 이익이 세계가 제공하는 이익과 합치할 때, 내가 세계에 적절하게 부합할 때 나는 '만족'한다. 이와 달리 행복은, 현재에는 부재하는 것, 불가능한 것, 부인되는 것을 상상하고 추구하며 실현하고자 애쓰는 힘이다(Badiou, 2015/2016: 91). 결론적으로 '행복'은 '만족'의 주어진 경계를 넘어서는 자기 형성의 자유다.

정동-긍정-행복으로 이어지는 논의의 궤적을 거치며 행복의 윤리를 정초할 수 있다. 행복의 윤리란, 첫째, 단순한 별개 감정 단위가 아니라 다기한 감정들의 복합체다. 행복은 단지 '좋다는 느낌' 같은 단일 감정이거나 물질적 풍요로 측정되는 개별 대상이 아니며, 고통과 슬픔의 부정성을 포용하고 긍정화하는 복합적 층위를 띤다. 둘째, 행복은 주체로 하여금 고정되거나 정지하지 않고 지향하여 움직이도록 하는 운동력이다. 셋째, 이 과정에서 행복을 향해 움직이는 주체의 지속적인 생성과 변화가 계속된다. 바꾸어 말하면 행복은 이러한 주체 생성과 변화가 지치지 않고 개진될 수 있도록 이끄는 정동적 힘이다. 넷째, 행복은 기존에 대한 비판성과 이탈적 도전성을 함축한다. 따라서 행복은 취약성의 위치에서 가능한 비판적 해석과 대항적 실천성을 추구한다. 마지막으로 현재의 질서, 이를테면 신자유주의적이고 자본주의적인 질서에 순응적인 행복 장치로 포화된 현재에, 그 강고한 경계 너머 외부를 향하고 발명하는 도전적인 행복의 윤리가 요구된다. 이를 위해 지금의 세계에서 고통의 상처에 젖은 불행한 주체들이 다른 삶을 상상하고 추진할 수 있도록 돕는 대안적인 행복 장치가 필요하다.

이렇듯 행복은 정동의 휘몰아치는 운동의 흐름을 겪어 내고 새로운 가능성을 만드는 우연의 궤적들이다. 때로는 기쁘고 때로는 슬픈 마주침을 체험, 체현하면서 나는 더 이상 이전의 내가 아니고 다른 나이며 새로운 나로 태어난다, 되어 간다, 또다시 태어난다. 이로써 매 순간 더 이상 자신에게 갇히지 않고 자신의 경계를 넘어 새로운 자아와 만나는 사건, 그러한 사건들의 지속을 행복이라고 말할 수 있다. 영원히 회귀하는 과정 속에서 주체에게 부여되었던 취약성이 생성과 차이와 변화를 포괄하는 긍정의 힘으로 전환되면서 행복이 생성된다, 아니 끊임없이 행복이 "약속"(Ahmed, 2010)된다.

행복을 기약하는 주체는 세계를 감각하고 수용하는 "열린 상처"(Braidotti, 2006) 속에서 자신의 변화를 힘겹게 이끌어 내는 정동을 실천한다. 요컨대 행복의 윤리는 고통을 받아들이는 수동성, 나아가 주어진 상황을 긍정하면서도 그에 지치지 않고 또 하나의 도약을 시도하는 용기, 이러한 받아들임과 행함을 반복하는 충실한 인내와 격렬한 운동성에 있다. 이렇게 본다면 우리가 살고 있음이라는 이 상태, 이 상태가 지속되도록 하는 온갖 노력, 이

찰나의 사건들은 모두 행복의 가능성에 열려 있다.

비참 그리고 행복을 향한 전환

행복의 윤리는 현재 우리가 경험하는 실존적 혹은 사회적인 고통과 갈등에 임하고 그것에 개입하는 태도를 형성하는 데 귀중한 통찰을 알려 준다. 가령 신자유주의 체제에서 양극화된 경제 질서에 분노한 '점령하라Occupy Wall Street,' 인종 차별에 반대하는 '블랙 라이브즈 매터Black Lives Matter,' 성폭력에 대항하는 '#미투운동'에 대한 하나의 해석이 가능하다. 누군가의 고통과 슬픔은 결코 완료될 수 없으며, 그들의 증언은 열린 상처를 안고 행복을 향해 새롭게 움직이려는 의지의 발현으로서 존중되고 지지되어야 마땅하다. 비참에서 행복으로의 정동적 전환은 고통 아래에서 처절했던 자의 격렬한 전환이기에 보다 유의미하며 그 결론이 미정의 것으로 열려 있기에 더욱 자유롭다.

이러한 저항 운동들은 핍박받는 자들의 정동, 신체, 언어, 관계, 경험이 한데 뒤섞이며 그간에 누적된 고통이 폭발한 사건이다. 너무나 자명하게도, 이들 운동에서 말해지고 이 운동을 말하는 것은 바로 몸 그 자체이며 더욱이 그 몸은 폭력과 혐오로 고통 받은 몸이다. 상처 입은 몸들의 발언으로 이 사건을 이해할 때, 우리는 말과 몸이 상호 결합된 차원에서 공통적으로 지니는 취약성과, 나아가 그들이 공통적으로 발하는 전복적인 정치성을 깨달을 수 있다(Butler, 1997).

버틀러의 표현을 빌면, "육체적 취약성corporeal vulnerability"은 모든 몸의 본질이다(Butler, 2004: 23). 버틀러는 "신체적 자율성bodily autonomy"이라고 흔히 당연시되는 규범에도 불구하고, 실제 몸은 '사회적'이고 '공적인' 차원, 즉 자아의 외부에 존재하는 차원을 지닌다고 지적한다. 이는 몸이 사회로부터 안전하고 보호받는다는 의미로서가 아니라, 외부로부터의 마찰과 폭력에 노출될 수밖에 없으므로 주체가 온전히 통제할 수 없는 취약성을 지님을 뜻한다. 이 점에서 몸은 취약성과 행위성을 모두 지니며, "할 수 있음doing"과 "당함being done to"의 상충적 층위들이 한 몸에 얽혀 있다(Butler, 2004: 21~23). 아울러 주체의 취약성은 말의 차원에 있어서도 작동한다. 우리는 무엇에 대해 말할 뿐 아니라 무엇인가를 말로써 행위하고, 말을 듣고 당하며, 말하기 자체가 효과를 발생시킨다. 이처럼 언어 수행성performativity의 차원에서는 몸과 말이 서로 구성

되고 구성하며 상호 작용한다. 이제 "말하기란 그 자체가 육체적 행위"다(Butler, 1997: 10)

중요한 점은 이처럼 부득이하고 무기력하게 '당하지 않을 수 없는' 몸이, '홀로'가 아니라 '함께,' 무엇을 말하고 행할 수 있는가라는 물음에 있다. 누군가의 폭력에 의해 상처 입은 몸은 다른 상처 입은 몸을 위해 애도하고 연민할 수 있다. 타인을 위한 진실한 '슬픔'은 가장 단단하고 격렬한 지지이며 사랑과 연대를 건설하기 위한 행동으로 강화될 수 있다. 이 같은 "육화된 관계성embodied relations"으로부터 현재의 경계를 넘어서 다른 세계를 꿈꾸고 바라는 대담한 "환상"이 생성될 수 있으며, 그 환상에 집합적이고 현실적인 노력이 더해질 때 사회 변혁적인 운동력으로 긍정화될 수 있다(Butler, 2004: 28). 버틀러는 "긍정affirmative"이란 취약성의 위치에서 "행위agency의 가능성을 여는" 수행성이라고 단언한다(Butler, 1997).

고통받은 몸들의 언어적 수행성을 행복의 윤리 관점에서 해석할 수 있는 근거는 그것이 품은 행복의 정동적 효과에 있다. 이 지난한 투쟁을 벌이는 주체들은 오래된 상처, 오래된 '열린' 상처를 안고 있다. 그러나 그들이 단순히 항상 같은 시간과 경험을 되풀이하지는 않는다. 완전히 망각하거나 처음과 다름없이 비참한 상태에 함몰되지도 않는다. 부당한 고통을 극복하고 혐오와 폭력에 대해 성숙하고 냉정하게 판단하는 과정을 거치면서 예전의 피해자와는 다른 자신으로 생존·변화해 가기 때문이다. 피해자가 자신이 경험한 고통스러운 사건을 잊지 않고 되새기는 지속적인 경험은 일종의 영원한 회귀로서 다수적이고 변이적이며 선택적인 차이를 생성하는 의미 깊은 시간이다. 무엇을 기억하고 무엇을 버려야 할는지, 무엇을 스스로 감당하거나 넘어서야 할는지에 대한 성찰적인 선택을 통해, 그들의 정동은 처절한 고통에서 주체적인 행동으로 변화된다.

이렇듯 변화의 과정 속에서 그들의 고통이 기쁨으로 완전하게 전환한다고 단언하기는 어렵다. 또한 이 과정을 고통을 딛고 일어 선 승리의 서사로 단순화하지 않도록 유의해야 한다. 오히려 이러한 낭만적인 결말 맺기 대신 긍정화로의 힘을 만들어가는 영원한 회귀의 과정으로 해석함이 옳다. 아울러 지금의 도전 안에, 오랫동안 누적된 비참과 고통의 정동이 복합적으로 융해되어 있음을 느낄 수 있다. 이들이 내는 고통의 발언은 일종의 "경악"이다(한병철, 2017: 51). 경악은 익숙한 것에 대응하여 "다름을 폭로하는 고통"으로 "같은 것에 사로잡히"(한병철, 2017: 51)는 상태에서 벗어나 변화를 주장하는 외침이 될 수 있다.

이전까지 꽉 막힌 현실 안에서는 부재했고 불가능했던 새로운 가치를 향한 발돋움이자 실험이기 때문이다. 이로써 '당했던' 몸으로부터 '말하는' 몸으로 변화하며, 취약한 육체가 포악한 욕망의 소유물로 여겨지는 것이 당연했던 던 사회 체계에 대한 가치 전환을 시도한다. 이로써 "권력에 노출"된 "취약"한 육체가 "정치적 저항을 구성하고 실행"하는 말로 "긍정화"된다(Butler, 2016: 22).

그녀들이 슬픔의 침묵 속에 묻혀 있는 대신 자기 발언의 힘으로 스스로 고양하는 전환에서 행복의 윤리가 체현된다. 이러한 전환이 자연스럽거나 쉽게 이루어지는 것은 물론 아니다. 이와 반대로 바디우의 논의에서 살펴보았듯이 행복을 향한 자유는 치열하고 엄격한 자기 노력과 고투 어린 실천을 통해서만이 가능하기 때문이다. 아울러 주체적 전환에 연대하는 사회적 공동체 역시 유의미하다. 어떻게 '그녀'가 '그녀들'로, "'나는' 말한다"가 "'나도' 말한다"로 확장하는가? 단수로부터 복수로의 집합화는 개인 하나하나가 워낙에 강대하거나 그들 사이에 강력한 집결력이 있어서 이뤄지는 것이 아니다. 오히려 그들의 유일한 공통성은, 지역, 직업, 연령, 계층적인 차이에도 불구하고, 서로 다른 자리의 몸들이 공통적으로 지닌 취약성과 그 몸에 새겨진 상처, 아니 열린 상처에 있다. 하나의

"상처는 타자를 위한 열린 문이 되기"에, 하나의 상처 입은 몸은 몸들로 모이고 커질 수 있다(한병철, 2017: 113). 상처 입은 몸들은 함께, 현재의 왜곡된 폭력 질서에 "만족"하지 않고 지금까지 예외였던 대안을 향해 가는 "행복"(Badiou, 2015)을 꿈꾼다. 여기서 버틀러의 제안처럼, 폭력적인 사회 질서에서 자율성과 독자성을 잃은 취약한 육체가 정치윤리적인 가치의 공유로 일구어진 연대로 실체화될 수 있는 가능성이 엿보인다. 행복을 향한 윤리적 결단을 통해, 개인적 차원에서의 비참의 경험이 집합적 차원에서의 능동적이고 실천적인 운동으로 성장할 수 있다.

마지막 남은 질문으로, 우리는 현실의 강고한 벽에 맞서는 취약한 몸과 말의 수행을 언제까지, 어느 정도나 해야 할까? 그래도, 어쩔 도리 없이, 또다시? 또는 조건 없이, 무한정으로?(Derrida, 2000) 이러한 취약성에 관한 긍정화의 인내 혹은 책임의 윤리는 아마도 다른 기회에 깊이 있게 논해야 할 본질적인 문제다. 이에 우선하여 지금 우리는 이질적인 다수들이 살아가는 사회에서 공동의 행복이란 것이 상상 가능하다면 그리고 그것이 바로 사랑이라면, 그것의 형태 및 실천 방식에 대해 탐구할 지점에 이르렀다.

5장

사랑

"지독한 혼란과 고통에도 불구하고, 그것을 뚫고 넘으면서 사랑은 항상 재발명되어야 할 필연성을 요청한다. 진실하고 자유로운 관계성의 창조는 사랑의 재발명을 지속적으로 이끌기 위한 근본 요소다."

© 김혜련

사랑의 형태는 무수하겠지만, 대부분의 사랑의 행위는 몸을 주체로, 매개로, 대상으로 한다. 몸의 성격도 무수하겠지만, 사랑들마다 요청되는 몸의 유형과 관계들이 항상 일치하거나 조화롭지는 않다. 낭만적인 사랑에서는 성애화된 몸이 근간을 이루지만, 인류, 국가, 종교 등에 관한 이념적 사랑은 때로 몸의 돌봄, 관리, 활용 심지어 희생을 동반한다.

사랑은 인간이 겪게 되는 가장 강렬한 사건 중 하나다. 사랑이 사랑으로 구성되고 표현되고 인정받는 일에는 사랑의 주체의 욕망과 의지뿐 아니라 정치 구조, 사회 규칙, 종교, 문화 규범, 법적 제도, 경제 질서가 복잡하게 작용한다. 한 사랑이 다른 사랑 때문에 희생되어야 하는 경우도 있고, 사랑 때문에 죽음을 맞게 되는 경우도 있다.

또한 사랑에 관계된 사회 제도와 규범이 반드시 모든 사랑을 완전하게 포용하는 것도 아니다. 사랑을 위해서 체제 밖으로 내던져질 수 있고, 반대로 사랑하지 않거나 심지어 잘 알지 못하는 두 사람이 여러 필요에 따라 가정 제도로 결합되는 경우도 있다. 많은 동화나 소설들은 영원히 행복하게 사는 연인들의 낭만적인 사랑에 대해 말하지만, 우리가 모두 잘 알듯이, 현실에서 사랑은 결코 간단치 않다. 영원하고 무한한 사랑의 신화는 역설적으로 사랑이 지닌 본질적 유한성을 알려준다.

찬란한 부서짐
: 사랑

장뤽 낭시Jean-Luc Nancy는 공동체가 서로의 유한성을 공유함으로써 지니게 되는 기쁨을 사랑으로 이해한다. 타자는 나의 심장에 파고들어 나를 부서뜨리고 잘라 쳐낸다. 이처럼 자기를 보호하는 안전함이 아니라 서로의 심장을 가로지르고 스스로 가로질러지는 관계이기에, 이같이 심원적인 유한성을 공유하는 공동체의 본질이 사랑이다. 사랑의 기쁨은 존재 내부에서 터져 분출되는outburst 기쁨이며 그 기쁨을 나누는 사랑 안에서 존재는 유한으로 형성된다(Nancy, 2004: 108). 이처럼 유한적인 존재들이 파열되며 공존하는 공동체의 사랑이기에 그 사랑은 (역시 안전하게 통합되는 사랑이 아니라) "찬란하게 부서지는 사랑"이다.

그러나 마치 공동체가 기쁨과 사랑에 의해 하나로 묶이는 듯한 논리로 단순화하지 말도록 하자. 왜냐하면 사랑과 기쁨으로 승화되어 완전하게 되는 초월적 공동체란 애초부터 부정되기 때문이다. 오히려 장뤽 낭시는 조르주 바타이유Georges Bataille를 원용하며 공동체 안의 사랑하는 이들lovers 역시 공동체의 한계를 드러내는 역할을 한다고 설명한다(Nancy, 2004). 사랑은 "공동체를 완성시키지 않으며," 오히려 "공동체를 그 한계로까지 밀고 나간다"(38). 요컨대 연인의 사랑은 공동체의 작업을 무작동시키면서unworking, 그 불완전성을 드러낸다(38). 이는 하나의 공동체가 사랑하는 연인들에 대해 항상 지지나 승인을 부여하지는 않으며 그 역이 더 빈번함을 보여 주는 숱한 비극적 사랑의 사례들로 증명된다(예를 들어 가문, 종교, 사회 규범, 법규가 연인들에 대해 내리는 금지, 검열, 처벌). 연인이 지닌 사랑의 열정passion은 바로 그 대가로 공동체 내에서 당해야 하는 수난passion과 동의어다. 그러나 공동체와 지니는 위협과 불화에도 불구하고 항상 누군가들은 사랑을 한다. 더욱이 그들은 사랑을 처벌하는 공동체의 유한성을 드러내면서 조화로운 합일체라는 공동체의 신화에 균열을 낸다.

연인들은 하나가 다른 하나를 가로지르고 부서뜨리면서, 그리고 하나는 다른 하나가 자신 안에 들어오도록 함으로써, (완전무결함이 아니라) 결여의 존재가 됨으로써, 각자 유한한 존재들로서, 서로 사랑한다. 사랑에 의해 그들 사이에, 혹은 각자 그들 안에 — '내부'와 '사이'는 이미 사랑에 의해 잘라지고 부서진 연인들에게는 동일한 의미를 지닌다 — 형성된 유한성의 경계에 기쁨이 있다. "기쁨은 그 한계를 터치한다"(38).

사랑은 "자신을 넘어서"는 "극단적인 운동extreme movement"이다(86). 연인들은 "자와 타, 자명성과 이질성, 혹란惑亂과 결정, 본질과 부속"이 혼재하는 모순에 엉킨다. 이 "모순"과 그로부터 벗어나려는 "탈피"라는 이중 제약 안에서, 두 사람은 함께 가질 수밖에 없는 장소를 찾는다. 이 장소가 사랑이다(86).

하여간 사랑은 애초에 "지독한, 그러나 너무나 정상적인 혼란"(울리히 벡Ulrich Beck과 엘리자베트 벡 게른스하임 Elisabeth Beck-Gernsheim의 표현)이다. 그리고 현재 우리의 삶은 사랑이 폭력에, 연민이 희롱에, 배려가 추행에, 자유가 복종에 오염되고 포획된 불행에 빠져 있다. 이 잘못된 회로를 벗어나기 위한 하나의 방법으로 나는 사랑에 관계된 몸과 정동의 실천 문제를 생각해 본다. 물론 정동의 윤리가 현재의 오류를 해결할 수 있는 유일한 요소는 아니다. 성에 관련된 권력, 담론, 규범 제도, 법 체제의 구조적 결함이 심각하기에 이러한 실질적 요소들의 변혁이 절대적으로 필요하다. 이 모든 문제들의 중요성을 인지하면서 몸과 정동의 주제, 즉 사랑에 집중하는 이유는, 사랑은 인간관계의 진실을 실천하기 위한 근원적인 힘이기 때문이다. 사랑의 정동이 살아 움직이지 않는다면 제도적 개혁이나 사회적 변동이 제대로 발의될 수도, 추진될 수도 없다.

여기서 나는 사랑을 서로 다른 두 몸들이 친밀성intimacy과 욕망desire으로 맺는 관계성으로 정의하면서 이야기를 시작해 보려 한다. 그 관계의 생성, 유지, 인정, 금지에는 다양한 사회적인 힘들이 개입한다. 어떤 사랑이 가능하거나 불가능한가, 애초에 사랑의 불/가능성이란 과연 무엇일까. 이 질문들을 탐구하기 위한 논의는 섹스와 몸의 영역을 경유하여 사랑의 관계성의 발명을 향한 사유로 나아간다.

젠더와 섹스
: 접합과 탈구

일반적으로 젠더는 사회문화적으로 구성되는 성별 요소로, 섹스는 생물학적인 범주에서 규정되는 요소로 설명된다(Wood, 2004/2006). 이렇게 보면 둘은 대등한 개념들인 것 같지만 실제 사용에 있어서는 공식적으로나 암묵적으로 서로 다른 평가가 부여되어 있다. 적어도 한국 사회에서는 젠더가 훨씬 편안하고 폭넓게 사용되는 편이다. 이에 비해 섹스는 젠더라는 용어에는 포함되지 않는, 날것의 욕망과 육체적인 질감을 내포한다.

일례로 네이버 포털사이트에서 '섹스'를 검색하면 '젠더'와 달리 "청소년에게 노출하기 부적합한 검색 결과를 포함"하고 있음이 경고된다. 또한 사전적 의미에 있어서도 "젠더와 섹스는 우리말로 '성'이라는 같은 뜻"이지만, 국제적으로는(1995년 9월 5일 북경 제4차 여성대회 정부기구회의) 젠더가 영어권의 섹스를 대체하는 용어로 채택되었으며, "남녀 차별적"인 섹스 대신 사회적 평등성을 함축하는 용어는 젠더라고 설명되어 있다.

단지 어휘적인 차원이 아니라 제도적·학술적으로도 젠더와 섹스는 분명하지 않은 연관성과 차별성을 지니며 혼란스럽게 사용된다. 예를 들어 유엔인권위원회는 '성폭력sexual violence'과 '젠더 기반 폭력gender-based-violence'을 구분하여 정의한다. 그 정의에 따르면 성폭력은 젠더 기반 폭력의 한 형태로서 관련자들의 관계나 구체적인 상황과 무관하게 강요에 의해 행해지는 성적 행위나 그 시도, 성적 언행, 성매매 등을 가리킨다. 강간, 성학대, 강요된 낙태, 임신, 성매매, 거세, 탈의 등이 이에 포함된다. 젠더 기반 폭력은 개인이나 집단에게 그들의 젠더를 기반으로 해서 위해를 가하는 행위다. 성폭력, 가정 폭력, 인신 매매, 강요/조기 결혼, 유해한 전통적 관습 등이 이에 해당한다. 원론적으로는 성폭력과 젠더 폭력이 모든 성이나 젠더의 사람들에게 가해질 수 있지만 대체로 여성과 소녀가 성과 젠더 기반 폭력의 주된 대상으로 희생되어 왔다.

페미니즘 학계 안에서도 젠더가 섹스에 비해 보다 포괄적인 의미로 사용되곤 하며 두 개념이 혼용되는 경향이 일반적이다. '성'의 괄호 안에 '젠더, 섹스, 섹슈얼리티'가 포함되거나 젠더가 나머지 두 개념을 대체하는 식으로, 명시적으로 구분되지 않은 채 미묘한 어감에 따라 세 용어가 교차된다. '페미니스트 미디어 연구' 분야를 조망하며, 김수아(2018)는 '젠더/페미니즘 연구'라는 포괄적인 연결어를 사용한다. 이는 '젠더 관점'에서 성, 젠더, 섹슈얼리티의 문제를 탐구하며 특히 여성에게 구조적으로 부여되는 불평등성, 상호교차성 및 다양한 위치성을 비판적으로 분석하는 연구 분야로 설명된다.

이 혼란의 부작용은 단지 개념적인 모호성에 한정되지 않는다. 젠더 개념이 지닌, 자의적으로 부여된 일반성 때문에, 섹스 고유한 사안과 사유는 간과되기 쉽다. 조금 더 강하게 말하면, 젠더 우선성 때문에 섹스의 의미가 줄곧 왜곡, 희석, 삭제된다(Butler, 1993). 그러한 갈등 경계에 위치한 존재로 '퀴어'를 생각할 수 있다. 이성애 중심적인 가족 제도(이것은 젠더 원칙에 따른다)에 의해, 퀴어 연인들은 가정을 구성할 권리가 '자연스럽게' 박탈된다. 거리에서 손을 잡고 걷는 동성 연인은 '부자연스럽게' 지각된다. 이 사랑은 사회적으로 가시화되어서는 안 된다는 암묵적인 금지 명령이 내려져 있다. 한편 트랜스젠더는 사회가 규정한 젠더 정체성 질서에 반대하며 자신이 이해한 성정체성에 따라 자신의 섹스를 전환한 이들이다. 이 급진적인 모호성 때문에 트랜스젠더는 여러 겹의 차별과 억압에 노출되어 있다. 최근 트랜스젠더 여성의 군입대나 여대 입학의 사안들로 불거졌듯이, 트랜스젠더의 사회적인 삶을 정의하고 보장하는 법적·제도적·사회적·문화적 기반조차 부재한다.

젠더와 섹스의 개념들은 조화롭게 공존하지 않으며 이 담론적 경합에 이질적인 욕망과 권력이 접합하고 탈구한다. 이 역동이 가장 강렬하게 일어나는 실체적 공간이 몸이다.

도발하는 몸!

주디스 버틀러의 유명한 주장에 따르면 섹스는 단지 자연적으로 주어지는 생물학적 대상이 아니다. 섹스 역시 사회의 권력 관계 안에서 구성, 규정되고 그에 길들여지거나 저항하는 역동적인 실체다(Butler, 1990). 버틀러는 단언한다. "중요한 것은 몸이다Bodies that matter!" 또한 '담론의 한계선'에 섹스와 그것의 실체로서 몸이 현존한다. 왜냐하면 몸이란 섹스에 대해 작동하는 규범 권력을 수행하는 동시에 그것에 도발하는 주체를 체현하는 복합적 산물이기 때문이다. 아니 아예 몸이라는 것 자체가 그러한 훈육, 규범, 의지, 욕망, 우울이 뒤섞인 채 응집하여 만들어진 물질적 실체며, 그로부터 어떠한 행위가 발동하는 역동체다(Butler, 1993).

특히 여성이나 퀴어의 육체들에 주목한다면, 이들

은 이성애적이고 남근적이며 보편성을 자임하는 권력 질서 안에서 형성되는 동시에 그로부터 배제되는 이중성을 지닌다. 이 같은 '교란성unsettling' 때문에, 몸에는 기성 질서가 강화되는 측면과 함께 그로부터 이탈적인 육체가 형성되고, 순응적이거나 저항적 행위들을 실행할 수 있는 모든 가능성이 잠재한다. 버틀러는 이렇듯, 형성부터 수행까지를 중첩적으로 아우르는 육체의 실체성과 복잡성을 'matter'('물질'과 '중요하다'라는 의미를 지닌다)라는 중의적 단어로 함축한다(Butler, 1993: 30).

그간 한국의 학계는 연애, 결혼, 육아, 가족, 직업과 노동, 정치 참여, 문화 활동의 영역을 설명함에 있어 젠더를 주된 분석의 도구로 삼는 경향을 보였다. 이러한 '젠더의 귀환'은, 이현재(2013)의 설명에 따르면, 생물적이고 본질적으로 이미 결정된 요소로서 '섹스'를 이해하는 시각의 한계를 자각하고 사회적인 권력 관계에서 구성되는 것으로 '젠더'를 개념화함으로써 오래된 가부장적 인식 체계의 모순을 극복하려는 목표를 지닌다. 그러나 주디스 버틀러의 주장에서처럼 섹스는 의미, 언어, 문화 등 담론에 앞서 존재하는pre-discursive 자연적인 소여가 아니다. 섹스 역시 담론에 의해 형성되며 오로지 '담론적 체계 안'에 있다(이현재, 2013: 214). 오히려 섹스의 담론적 특수성은 단지 섹스가 물질적이며 생물적이기에 담론의 바깥에 혹은 담론 이전에 존재하는 '비담론적'인 것으로서 '담론화'되었다는 점에 있다. 이성애적이며 남근 중심적인 권력 질서 안에서 섹스가 비담론적인 것으로 담론화되어 왔다는 점에서 섹스는 지극히 담론적 산물이다(Butler, 1990).

그렇지만 섹스 역시 사회의 금지 체계에 의해 형성된 담론적 산물이라는 이현재의 시각에 동의하면서도, "'섹스'도 알고 보면 '젠더'"라는 이현재의 등치는 조금 더 자세히 파고들 만하다(이현재, 2013). 섹스도 젠더도 담론적으로 형성되고 담론으로 존재하지만, 바로 그 사회적으로 구성된 담론성 때문에, 섹스와 젠더가 서로 다른 개념과 쓰임새를 지니는 차별화된 방식으로 역사화되어 왔기 때문이다. 버틀러의 주장을 보다 성실히 따른다면, 섹스와 젠더는 동일하지 않다. 양자는 일치하지 않을 뿐 아니라, 더욱 중요하게는 갈등적으로 중첩되며 어긋난다. 핵심 문제는 무척이나 격렬하게 다양하고 역동적이며 가변적인 섹스 및 섹슈얼리티가 오로지 젠더라는 상대적으로 규범적인 이성애적 질서 안에 배치되며, 그에 의해서만 승인되고 의미화된다는 사실에 있다(Butler, 1993). 남과 여의 이성애적 이분법을 근간으로 하는 젠더 질서가 전자(섹스 및 섹슈얼리티)의 복잡성과 역동성을 덮어씌우게 된 것이다. 이 논리에서 본래 이분법의 틀 안에 안착될 수 없는 섹스 및 섹슈얼리티까지도 남성 아니면 여성이라는 젠더 위치 중 하나로 결정되어야 하는 오류가 생긴다.

이로써 젠더는 젠더-섹스-섹슈얼리티라는 각기 다른 요소들을 통합하고 표명하는 '기표'로 기능하면서 그들을 포괄하는 '형이상학적 통일성metaphysical unity'으로 작동한다. 이로써 성적 욕망의 복합성과 역동성이 남성 또는 여성이라는 젠더 이분법에 갇히는 논리가 완성된다(Butler, 1990: 30~31).

호모섹슈얼리티는 젠더와 섹스의 괴리 지점에 위치한 대표적인 요소다. 레즈비언 여성은 남녀의 젠더 질서 안에선 여성으로 인지되지만, 이성애적 섹슈얼리티 질서에선 (여성을 욕망하는) 남성적인 욕망을 지니는 것으로 간주되면서 '비정상적인' 육체(남성적 욕망을 지녔으면서 여성의 육체를 입은 존재) 아니면 '비정상적인' 욕망(여성의 육체를 지녔으면서 남성적 욕망을 품은 존재)으로 낙인찍힌다. 이들은 반드시 인간은 남성 아니면 여성이어야 한다는 이분법적 젠더 질서에 어긋나는 비정상적 육체로 간주되면서 의학, 법, 교육, 종교의 힘으로 교정되어 남과 여의 어느 쪽으로든 '제대로' 재정착시켜져야 하는 존재로 대상화된다(Butler, 1990).

그러나 이렇듯 '섹스의 일의성univocity — 젠더의 내적 일관성 — 섹스와 젠더를 관통하는 이분법 논리'의 세 요소로 구축된 규제 및 규범 질서가 절대적일 수 없다. "규범이 항상 최종적인 결정력을 지니는 것은 아니기" 때문이다(Butler, 2004: 9). 섹슈얼리티는 권력 작용의 일방적인 효과로 축소되지 않으며, 오히려 그러한 제약 속에서 미리 준비된 대본 없이 행위하는 '즉흥적인 가능성improvisational possibility'을 수행한다. 섹슈얼리티는 제약에 의해 구속되기도 하지만, 제약에 대해 반동하고 도발한다는 점에서 정상성 질서 안에 전적으로 갇혀 있지만은 않다(Butler, 2004: 15). 이 점에서 버틀러는 젠더화된 담론 질서가 반복적으로 수행되는 과정에서 (규범이 강화될 뿐 아니라) 오히려 섹스 수행성에 의해 '패러디의 증식parodic proliferation'과 '전복적인 실행subversive play'이 일어날 수 있다고 강조한다.

남성적 헤게모니와 이성애적 권력에 도발하고 그것을 해체할 수 있는 가능성이 곧 버틀러가 말하는 '젠더 트러블'이다(Butler, 1990: 46). 젠더 트러블은 사회적으로 부여된 젠더 정체성, 주체가 다각적으로 수행하는 섹스와 육체, 그리고 성적 욕망 사이에 작동하는 균열과 교란 현상을 표출한다. 한편으로는 금지적·처벌적인 법과 규범 체계, 그리고 다른 한편으로는 생산적이고 도발적인 욕망 사이에서 주체가 겪는 갈등과 모순, 그리고 저항의 필연성을 내포한다. 이 이유에서 '젠더 중심적인 페미니즘'을 넘어서 트랜스와 퀴어 영역을 아우르며 젠더–섹스–섹슈얼리티 사이에서 작동하는 복합성과 교란성을 이해하는, 상호 교차적이고 입체적인 시각이 요청된다(Butler, 2004).

최근에 우리 사회에서 불거지고 있는 페미니즘 사안들은 젠더뿐 아니라 섹스와 직결되는 특수성을 가진다. 그렇지만 이 같은 섹스 사안들이 사회적으로 사유되고 다루어진 방식은, 버틀러의 지적에서처럼, 젠더라는 기표로 표현되고 다루어진 경향이 강하다. 이에 다층적인 젠더 차별 중에서도 섹스와 관련된 폭력과 불평등, 나아가 그에 대해 저항의 가능성을 탐색하고 대안적인 실천을 모색하는, 보다 광범하며 집중된 사유가 필요하다.

그 근거로는 첫째, 현실적으로 성 갈등은 섹스를 둘러싼 육체의 실행 방식 및 가치 판단에 대한 사회적 논쟁의 성격이 강하기 때문이다. 이 문제들은 젠더 담론을 넘어서는 여성의 섹스와 섹슈얼리티 육체의 영역에 직결된다. 따라서 둘째, 이론적으로는 대체로 퀴어 섹슈얼리티가 이성애적이며 남근 중심적인 젠더 규범과 교차되는 측면에 집중한 버틀러의 시각은 여성의 섹스와 섹슈얼리티, 육체가 가부장적 젠더 질서 안에서 은폐·왜곡되는 문제로서 지금의 우리 상황에도 재맥락화할 수 있다. 마지막으로 버틀러의 전복적인 수행성의 시각에서 볼 때, 우리 사회에서 여성들이 전개한 디지털 페미니즘 운동들은 남성 중심적인 가부장적 젠더 질서 안에서, 혹은 그 경계와 너머에서까지, 여성의 섹스와 섹슈얼리티, 육체가 어떻게 구속되고 고통당해 왔으며, 이제 이 부당함에 대해 충돌하고 저항하지 않을 수 없음을 주장한다. 사회적인 공간에서 그녀의 몸이란 얼마나 취약한가! 얼마나 부당하게 혐오와 폭력에 노출되어 있는가! 그리고 얼마나 강렬하게 분노하고 도전하는가!(Butler, 2006) 버틀러의 해석에서처럼 육체는 "도덕성, 취약성, 행위성"을 모두 함축한다(Butler, 2004: 21). 과거에 이러한 사안들이 남성 중심적인 잣대에서 판정되고 남성적 권력에 의해 일방적으로 지배되었다면, 지금은 그 부당한 폭력성이 여성의 입장에서 해석되며 대항적인 실천으로 표출되고 있다.

나는 우리가 최근 경험하는 일련의 섹스 사안을 그간의 모순이 응축되어 폭발하지 않을 수 없었고 반드시 올바르게 극복되어야 할 사건으로 이해한다. 이 오래된 모순을 해결하기 위해서는 섹스 실천의 정치윤리성이 설명되어야 하며 그와 본연적으로 연관된 요소로서 권력과 자유의 요소가 성찰되어야 한다. 왜냐하면 윤리에는 '권력, 진실, 주체'의 문제가 결합되어 있기 때문이다(Foucault,

1998). 또한 섹스와 권력은 상호적으로 가로지르며 겹치는 '교차성intersection'을 지닌다(Gill & Orgad, 2016). 김은실(2018)이 한국의 역사 안에서 서술했듯이 페미니즘은 여러 갈래와 방향으로 발전하며 사회 변화를 주도하는 급진적인 역할을 해왔다. 이에 젠더의 의미를 심화하는 페미니즘과 함께 섹스에 대한 건설적인 관심을 본격적으로 도모하는 페미니즘 역시 중요하다. 과연 이미, 페미니즘은 그러한 다양화와 협동을 끊임없이 추구하는 사유와 실천의 과정이었다. 따라서 커다랗고 열린 인식 체계로서 페미니즘은 섹스, 권력, 자유의 문제를 비판적으로 성찰하는 다각적인 사유들이 연합하는 실천적 기반으로서 기능할 수 있다(Butler, 2004).

성숙한 이론과 이념은 자신의 한계를 인식하는 한편, '이미 확보된 공간을 채우기 위해서가 아니라, 진정 피할 수 없는 도전'으로서, 과연 '무엇이 실행 가능한가'를 질문하기를 멈추지 않는다(Foucault, 1998). 하나의 사상이자 운동이 자신 안에 갇히거나 자신만을 내세우지 않고 내재적인 반성력을 키우기 위해, 그럼으로써 도전적이고 창발적인 사유와 실천을 지침 없이 추진하기 위해, 젠더를 사유하는 페미니즘과 아울러 섹스의 윤리화를 도모하는 페미니즘을 제안한다.

섹스의 윤리화
: 관계성의 발명

한국 사회에서 섹스에 관한 윤리는 거의 부재하며 그에 대한 인식과 사유도 깊이 진행되지 못했다. 섹스의 윤리를 사고하는 이 지점에서 섹스와 그 쾌락의 실천을 자아 형성의 윤리로 '양식화stylization'로 해석한 푸코의 논의는 날카로운 통찰을 전해 준다(Foucault, 1985).

푸코의 3부작 《성의 역사》에서 2권 제목은 "쾌락의 활용"이다. 1980년대 이후부터 세상을 떠나기 직전(1984)까지, 그러니까 《쾌락의 활용》의 저술 시기와 겹쳐지는 동안 진행된 푸코의 인터뷰와 글들을 보면 핵심 주제는 권력, 진리, 주체이고, 이 세 가지 요소가 '섹스' 및 '섹스의 쾌락'의 영역에서 구체화되고 있음을 알 수 있다. 푸코가 그리스 시대의 섹스 경험과 담론에 흥미를 가지게 된 이유 중 하나는, 그 시기의 서구에는 기독교를 포함한 어떠한 종교 규범도 확립되지 않았고 법에 의해서도 섹스의 실천 방식이 규정되지 않았기 때문이다. 따라서 그리스인들에게 성적 행위는 그 이후의 시대에서처럼 "모두에게 부여되는 금지 규율로서 내면화, 정당화, 구축되어야 하는 것"이 아니라 "자유롭게 선택, 조율, 발전, 그리고 무엇보다도 새로이 창출"되어야 하는 주제로 이해되었다(Foucault, 1985: 252~253).

푸코의 사유에서 특히 섹스가 지목된 이유는, 그의 짧은 에세이인 "섹슈얼리티와 고독Sexuality and solitude"에서 나타나듯이, 섹스가 주체의 자율성 및 자기 지배력을 추월하는 강렬한 신체적 쾌락으로 간주되었기 때문이다(Foucault, 1988b). 따라서 역설적으로 그 쾌락마저도 자발적으로 절제하고 정교하게 다듬어서 통제할 줄 아는 완전한 자아의 형성이 중요한 가치로 추구되었다. 사회 다수에게 적용되기 어렵고 소수 엘리트들에게 두드러진 현상이기는 하지만, 그리스 사회에서는 섹슈얼리티가 단지 재생산을 위한 생물적 행위가 아니라 권력과 자유를 함축하는 도덕적 경험으로 인식되면서 '쾌락, 욕망, 성적 행위가 문제화'되고 성찰, 설명되어야 하는 대상으로 변화하게 된다(Foucault, 1988a: 255~256). 섹스의 윤리적 실천이 "자아 형성 문화cultivation of the self"(Foucault, 2005)의 근간으로 중시된 것이다.

섹스의 윤리가 단지 주체의 차원에 머물지만은 않는다. 주체 형성은 필연적으로 타아와의 관계성을 포함한다. 주체의 완성이란 최선의 자유와 권력의 실행을 통해 구현되는데 그 실행 대상에는 자아뿐 아니라 타아도 포함되기 때문이다.* 푸코는 주체가 자신과 맺는 관계 또는 타인과 맺는 관계를 '통치govern'의 문제로 개념화했다. 콜레주드프랑스에서의 푸코의 강의록 《자신과 타자의 통치*The Government of self and others*》(1982~1983)에서 상세히 설명되듯이 통치는 관계성에 있어 권력과 자유를 성찰하는 핵심 개념이 된다. 흔히 통치governing와 지배domination가 동일한 것으로 오인되지만, 푸코의 시각에서 지배는 통치의 한 형태일 뿐이며 둘은 뚜렷이 구별된다. 일방적인 방향성을 지니는 지배와 달리, 통치의 핵심은 자유로운 주체들이 권력의 배치와 할당에 관해 상호 작용한다는 점에 있다(Foucault, 2015). 권력이 실효를 가지기 위해선 지배에서처럼 일방적인 강제가 아니라, 통치에서처럼 합의의 기반 위

• 노예가 아닌 남성 성인만이 시민으로 인정되던 그리스 사회에서 쾌락의 윤리 역시 오로지 남성–성인–시민에게만 적용된다. 남성 시민이 자기 통제력을 발휘해야 하는 대상은 (1) 자신의 몸, (2) (남성이 통솔하는 가정 경제 안에 종속된 존재로서) 여성, (3) 동성적 에로스의 대상으로서 소년이다. 각 대상에 대한 자아의 기술을 구체적으로 살펴보는 작업은 이 글의 범위를 벗어나지만 이 지점에서 강조되어야 할 중요한 점은, 남성은 자신의 성적 쾌락 또는 그것에 대한 욕망을 완전하게 통제하는 자유의 실천으로서 자아의 윤리를 형성하며, 이를 통해 그의 '아름다운 삶'이 구현되리라 설명되었다는 사실이다(Foucault, 1985).

에서 정당하게 행사되어야 한다. 따라서 권력의 조직 및 실행 원리인 통치에서 핵심적인 요소는 자신과 타자의 자유이며 이 자유가 보장되는 한에서 그 권력 체제가 정당화될 수 있다. 이로써 푸코에게 '섹스의 윤리sexual ethics'는 자아 통치성의 핵심적인 영역으로 결합되며, 주체가 자아 및 타아의 '자유, 권력, 진실'과 맺는 관계를 가리키게 된다(Foucault, 1985: 253).

자유, 권력, 진실의 관점에서 문제화된 섹스에 관해, 푸코는 핵심 질문을 던진다. "어떻게 한 개인이 자신을 욕망과 쾌락의 주체로 형성하게 되는가?" 욕망과 쾌락의 주체화는 몰입/탐닉 혹은 절제/억제 같은 양극의 형태로 나타나지 않는다. 대신에 개인은 정교하고 철저한 지식과 정념 체계를 갖추고 그에 따라 자신의 심신을 실천하는 '자아의 기술'을 실행하기를 스스로 요구한다. 섹스에 투입되는 자아의 기술은 격렬하고도 강인한 과정을 거치면서 자신을 끊임없이 생성하고 변화시키는 기획으로 추진된다. 이를 통해 '주체의 윤리'가 형성되고, 그 안에서 구성될 '아름다운 삶'은 '존재의 미학'으로 구현된다. 이로써 섹스의 양식화는 곧 도덕의 양식화를 의미하였다(Foucault, 1985; 1988a; 1988b: 244).

어떤 사회에서도 섹스의 윤리와 자아 통치성의 기

획은 순조롭거나 완벽하게 달성되기 어려우며 끊임없는 노력의 과정으로 추구될 뿐이다. 놀랍지 않게, 그리스인들의 난제 역시 개인적 선택과 창안의 대상으로서 섹스의 윤리를 전 사회적 차원으로 도덕화하는 일의 어려움에 있었다.* 따라서 우리가 관심을 두어야 할 부분은 각 역사적 단계마다 변화하며 형성되는 섹스 윤리화의 가치이며 특히 현재 우리 사회에서 필요한 섹스 윤리화의 특수한 양식이다(Foucault, 1985).

예컨대 푸코의 개인적인 인터뷰 기록들에서 동시대 서구 사회 맥락 안에서 동성애가 지니는 의미를 읽을 수 있다. 그에게 동성애는 단지 동성 간의 성관계가 아니다. '삶의 양식'으로서 유의미하다. 그는 '동성애를 통해서 구성, 발명, 다양화, 조율되는 관계'로서 '호모섹슈얼 라이프스타일'을 주장했다. 푸코의 주장을 따른다면, 현대 사회는 법, 규칙, 관습에 따라 인정된 결혼과 가족의 범위 바깥의 다양한 관계들은 승인되지 않는 '관계적 빈곤'에 빠져 있다. 따라서 그는 모든 것을 법과 제도가 규정하

- 생전 푸코의 마지막 인터뷰 기록인 "도덕으로의 회귀"에는 그리스인들이 성의 윤리와 도덕을 실행하는 과정에서 '실수'로 점철되어 있었다며 웃음을 터뜨리는 푸코가 그려져 있다(Foucault, 1988b).

도록 내버려두지 않고 호모섹슈얼의 삶의 양식을 주체 스스로 창안하기를 희망했다. 제도적 승인이나 고착적인 규정을 넘어서 주체의 존재 양식 및 타인과 관계 맺는 방식을 독창적으로 발명할 수 있는 문화를 열망했다(Foucault, 1998). 물론 이 일이 그저 순탄하고 유쾌한 과정으로 진행될 수 없음은 물론이다. 엄청난 갈등, 격렬한 수행, 아름다운 실험과 좌절, 용감한 탐색과 성숙한 극복을 거치며 수행해야 할 삶의 기획과 실천이다(Foucault, 1985). 새로운 성적 관계, 이를테면 푸코의 '게이 라이프'는 '창발적 힘creative force'으로서 유의미하다.

섹스의 윤리화를 통해 우리는 '새로운 관계적 권리'를 주창하는 정치적 실험을 도모할 수 있다(Foucault, 1998: 160). '권력'은 사람들의 관계적인 상호 작용이며 상호 간의 자유 안에서 실행되는 권력 작용이 '통치'라는 푸코의 정의에 동의한다면, '성애적 관계erotic relationship'가 본질적으로 관계와 권력에 관한 정치성을 함축한다는 그의 해석에도 역시 공감할 수 있다(Foucault, 2015). 이처럼 성적 관계를 포함하여 주체가 자아 및 타아와 맺는 관계의 실천은 '우리 자신의 정치politics of ourselves'의 핵심을 구성한다. 섹스의 윤리는 주체가 자아 및 타아와 맺는 관계성, 그것의 진실과 자유를 실현하기 위한 사유와 실천을 의미한다는 점에서 더욱 근본적인 정치성을 내포한다(Foucault, 2015).

성적 관계가 우리 자신의 정치이며, 진실하고 자유로운 관계의 창발에 핵심적이라는 믿음은 현재의 삶들에도 다양하게 적용될 수 있다. 레즈비언 예술 영화로 알려진 〈타오르는 여인의 초상*Portrait de la jeune fille en feu*〉(감독 셀린 시아마Céline Sciamma)에는 두 젊은 여인(귀족의 딸과 여성 화가) 사이의 사랑과, 그 사랑 안에서 우정을 나누는 젊은 하녀가 등장한다. 이들 관계의 모든 결은 설명이 불필요하게 느껴질 정도로 섬세하고 활기차다. 두 여인의 사랑은 조심스럽지만 용감하다. 한 에피소드에서 하녀의 낙태는 조용하고 평화롭게 행해진다. 아기들이 온화하게 놀고 있는 침대에 누운 하녀에게서 노파가 몸을 쓰다듬어 주듯 핏덩어리를 꺼낼 때, 아기는 하녀의 손을 조물거리며 포근하게 놀고 있다. 하녀는 평온하게 웃는다. 원한도 비명도 없이, 생명은 사라지고, 태어나며, 자라며, 사랑하고, 기억한다. 왜 그녀가 낙태를 해야 하는지, 불행의 원인은 무엇인지에 대한 해설조차 생략된다. 신분과 계급의 차이를 넘어서 함께한 그녀들 사이에서는 새로운 공간이 만들어졌고, 평등하고 자유로운 사랑으로 서로를 돌본다. 이 은유적인 장면은 지금 한국 사회에서 새롭게 샘솟고 있는 대안적인 삶의 형태와 사랑 관계의 실험 풍경과 매우 닮아 있다. 단지 결혼에 대한 회의와 거부뿐 아니라, 동성애와 성소수성에 대한 호의와 존중 문화가 적어도 젊은 세대에서는 자유롭게 확산되고 있다. 또한 홀로 있는 삶과 대안적인 공동의 삶 등, 가부장적이고 이성애 중심적인 가족 제도를 해체하고 극복하려는 열망도 커지고 있다.

섹스의 윤리 관점에서 현재 우리 사회가 고투하는 성 갈등 사안을 새롭게 해석할 수 있다. 이 제안은 첫째, 그간 우리 사회에서 섹스에 관한 윤리적 성찰이 부재했음을 비판하고, 둘째 자아와 타아의 존엄, 자유, 평등을 바탕으로 하는 사랑의 관계성이 새로이 창안되어야 하며, 셋째, 이러한 창발적 변화에 열려 있는 사회의 건설을 역설하는 정치윤리적 요청이다.

몸들과 광장

오늘날 섹스에 관한 불평등한 인정 질서에 저항하기 위한 투쟁은 현실 및 가상 공간을 관통하며 활발하게 전개되고 있다. 광장과 거리가 '대항적 공중counterpublic'이 형성되는 고전적 공간이었다면 이와 더불어 인터넷과 소셜 미디어는 여성주의적인 '화답의 가능성response-ability'이 살아 있고 '소통의 정치'가 실행되는 실천적 공간으로 성장했다(Rentschler, 2014). 이는 사랑과 폭력을 분간하고, 폭력의 힘으로부터 사랑의 가치를 구원하기 위한 노력으로 볼 수 있다.

이 움직임을 조금 더 심화한다면 푸코가 말한 섹스의 윤리와 맞닿는다. 여기에서는 섹스에 대한 성찰적 사유와 실천을 통해 자아 형성의 윤리를 궁구하고, 자아와 타아 사이의 자유롭고 평등한 상호관계성을 구현하며, 이러한 주체의 자유와 진실이 사회적인 공간 안에서 실행되는 정치 문화가 지향된다. 이렇듯 존재의 미학에 의해 추진되는 섹스의 윤리란 고정된 목표를 획득한 완성체가 아니다. 다각적이고 때론 충돌적인 가치들을 신중하게 고민하고 실험하며 보다 나은 가치들을 추구하고 발명하는 노력과 반성, 한계와 가능의 지속적인 변화 과정이다.

섹스의 윤리화 개진은 크게 두 방향으로 전개되고 있다. 하나는 특정인 혹은 다수의 익명 여성들이 미디어, 법, 가족 및 사회 질서 등의 제도적 차원에 이의를 제기하고 비판하는 성격의 사회 운동이다. 다른 하나는 소셜 네트워크 공간에서 익명 또는 실명의 다수 여성들이 집합을 이루어 남성 중심적인 권력 질서를 비판하는 네트워크 활동이 해당한다. 이들은 모두 남성 중심성에 대항하며 여성의 독자성과 자율성을 추구하는 공통성을 지닌다. 이에 내가 덧붙이고 싶은 특이점은 #미투 운동, 메갈리아, 워마드, 탈코르셋 운동, 낙태죄 반대, 디지털 성폭력에 대한 분노들에서 여성들이 의식적 또는 무의식적으로 표출하는 섹스 및 육체에 대한 감각과 인식이다. 운동의 과정 곳곳에서 특히 여성의 섹스와 육체의 수행성(Butler, 1990; 1993)에 관한 논점이 도드라지게 나타난다.

첫 번째의 사회 제도적인 차원에 관해서는 다음의 절(섹스와 국가 통치성)에서 상술하고, 여기에서는 두 번째 영역, 즉 여성들의 집합적 네트워크 현장에서 체현되는 언어 수행성performative language의 의미와 효과에 집중하기로 한다. 지난 몇 년간 온라인 커뮤니티 중심으로 전개된 디지털 페미니즘 활동은 성, 연령, 종교 등의 범주에서 한국 사회에 뿌리 깊이 존재하는 전통적 혹은 보수적인 질서를 공격한다. 흥미로운 점은 그녀들의 공격 전술이다. 그녀들은 그간 한국 사회에 점철되어 온 남성 중심적인 담론 질서에 대해, 육체적 언어로 공격하고 조롱한다. 이를테면 2018년 워마드에서 두드러졌던 지극히 날것의 육체적인 이미지(남성의 목과 그것을 노리는 칼, 태아 또는 생식기를 연상시키는 성체와 그것을 오염시킨 월경혈, 아동에 대한 성적 욕망 등)는 숙의적이고 논리적인 정치 발언의 형태를 띠고 있지 않을 뿐 아니라 그를 의도적으로 거부하는 듯하다. 또한 소셜 미디어를 매개로 하는 디지털 성범죄가 집단화된 절시증 scophophilic의 욕망을 최대한 악용하여 여성의 육체에 폭력을 가하는 형태로 '진화'하는 만큼, 그에 대한 여성들의 대응도 몸과 말이 접합된 저항성을 극대화하는 방향을 취하게 된다. 육체적 쾌락과 희생, 언어적 공격과 방어, 통쾌와 분노의 경계가 흐려지며 과잉의 에너지로 뒤섞인다.

젠더 규범에 대한 여러 방향성을 보여 준다는 점에서 디지털 페미니즘의 언어적 수행성은 도전성과 한계성을 동시에 지닌다. 우선 도전적인 측면으로는 남성을 추월하는 여성의 섹스를 노골적으로 드러내고 '담론의 경계'에 있는 여성 육체를 전면화한다. 이로써 남근 중심적 phallocentric 담론 체계(Butler, 1994)에 파열과 교란을 일으킨다. 그녀들에게 있어 기존의 성 규범이란 그에 의해 고통당해 왔고, 이제 그에 분노하여 도전해야 하는 일종의 '형성적 반조건constitutive counter-conditions'이다. 형성적 반조건에 대한 주체의 수행성 방식은 순응, 교섭, 저항 등 여러 갈래로 열려 있다. 여성들의 네트워크는 주어진 규범을 반복하면서 그것을 강화하기도 하지만 때로는 그로부터 차이와 균열의 효과를 낳는 언어적 수행성(예를 들어 폭로와 증언)을 발휘할 수 있다. 언어의 '예측 불가능한 효과'는 '부득이하게 불순한 자원'들로부터, 한결 더 다르고 새로운 '미래'를 열어 키울 수 있다(Butler, 1993: 241). 그리고 여성의 쾌락이 강력할수록 남성적 사회의 당황과 불편은 강화된다. 이러한 수행적 언어는 기존의 가부장적 질서에 차이를 만들고 균열을 야기하며 그에 내재한 폭력성과 억압성을 고발하는 효과를 만든다(Butler, 1993).

그러나 성적으로 육체화된 언어의 수행성이 지닌 한계 또한 발견된다. 성적 쾌락을 육체화하여 표현하고 도발적인 육체적 언어로 보수적인 성질서를 공격하는 여성 온라인 커뮤니티의 전술이 페미니즘 정치에 유효한 개혁 동인으로 지속되기는 어렵다. 우선 김보미(2018)가 워마드의 사례에서 정확히 지적했듯이, 워마드는 여성의 섹스를 우선적인 본질로 전제한다. 그래서 소수적이고 이동적인 섹스, 즉 트랜스젠더나 동성애를 배척하고 무시하는 오류를 낳으며 다양한 교차성을 포용한 성평등이라는 궁극의 가치에 도달하지 못한다. 또한 여성의 섹스를 담론화하는 전술적 차원에서도 한계가 나타난다. 가령 워마드가 취한 기호적 전술은, 여성 혐오 발언의 저급함을 그대로 따라하여 되비쳐 충격을 주는 미러링 양식으로 유명했다. 그러나 그러한 혐오 표현 전술이 '반복'되는 과정에서 유의미한 '차이'가 생성되지 않을 경우 대안적인 섹스 윤리의 창발이라는 근원적인 가치를 실현하기는 어렵다. 공격과 응용의 전략을 넘어 비판의 언어를 독자적으로 발전시킬 발명과 창발의 동력이 부족하기 때문이다(Foucault, 2015: 127~128; 2011).

본래 '상징적 저항'의 실효는 고유한 방식으로 기호들을 선택, 배치, 조직, 표현하는 의미론적 독창성에서 나오며 그것은 고유한 '양식style'으로 자신을 주장할 수 있어야 한다(Hebdige, 1979). 그러므로 그녀들의 저항성이 사회적 효과를 낳기 위해서는 그것을 현실화할 수 있는 언어 양식화 자체의 독창성이 창안되어야 한다. 그녀들이 '급진적'인 의도를 지녔다면(권김현영, 2018), 이제 자신의 급진성을 고유하게 사유하고 추진하는 급진적 담론의 형식과 의미가 발명되어야 한다. 즉 섹스 사안이 여성 스스로 양식화한 담론과 이미지로 양식화되며 독창적인 자아의 기술로 실행됨으로써, 고유한 존재의 미학으로 심화되는 과정이 요청된다. 이 조건 위에서 여성 섹스의 실천이 가부장적 규범을 넘어서는, '새로운 성격의 문화가 창출될 수 있는 결정체'(Foucault, 1998)로 발전할 수 있다. 현재의 디지털 페미니즘이 이렇듯 급진적인 독창성을 확보하고 있는지는 아직 열려 있는 문제다. 지속 가능한 페미니즘의 발전의 가능성에 대한 희망 안에서 급진적인 독창성 역시 생성될 수 있을 것이다.

결과적으로 현재 한국의 가부장 체제에서는 남성도 여성도, 이성애적 질서를 거부하는 성소수자도 섹스의 윤리화에 실패하고 있다. 자신의 성적 욕망·관계·행위를 자와 타의 평등한 공존 관계 안에서 자유롭고 자율적으로 실천하는 윤리가 충분히 성장하지 못했기 때문이다. 남성적 섹슈얼리티가 줄곧 공격적으로 지배적인 권력을 행사했다면 여성적 섹슈얼리티는 여전한 고통과 억압 속에 눌려 있다. 이 같은 불평등과 부당함의 질서가 스스로 강화되는 방식도, 그에 도전하는 방식도, 억압과 혐오의 정동 및 담론 질서에 구속되는 제약을 극복하지 못하고 있다. 그래서인지 현재 우리 사회는 주체가 자아 및 타인과 관계 맺는 성적 관계가 어떠한 자유와 평등의 가치 안에서 향유·실천되어야 하는지에 대해 잘 알지 못한다. 사랑하고 공존하는, 다양하고도 아름다운 삶의 양식을 우리는 좀처럼 알지도, 경험하지도, 상상하지도 못한다. 사랑과 폭력을, 희롱과 애정을, 배려와 추행을, 자유와 복종을 분간하지 못하는 채로, 강한 몸이 약한 몸을 취득하여 일방적으로 지배하며 즐기고 고통을 주는 기이한 불행에 젖어 있다. 따라서 진실하고 자유로운 사랑의 관계의 회복 혹은 발명에 대한 근본적인 성찰과 상상이 절실히 요구된다.

성 갈등 및 이를 고민하는 운동들의 현상은 기존의 성적 관계가 새롭게 구성되고 실천되어야 할 절박한 필요를 알린다. 여기서 새로운 성적 관계의 구성과 실천이란, 억압 아니면 해방이라는 이분법 논리와는 다르다. 푸코의 주장처럼 '관계적 빈곤'에 저항하면서 '모든 가능한 관계 양식'을 존중하는, '새로운 관계적 권리'의 상상과 창조를 뜻한다(Foucault, 1998). 불평등의 고통이 극복될 크고 작은 여지는 항상 열려 있다. 윤리적 주체는 단순히 주어진 권력 관계에 순응하거나 그에 의해 고정되지 않으며 새로운 가능성을 만들고 추구한다. 중요한 점은 그러한 관계적 윤리를 형성하는 욕망과 의지가 상호 간의 자유와 평등에 기초하며, 존재의 진실이라는 원칙에 조화로워야 한다는 사실이다.

여성도, 남성도, 여느 다른 성과 젠더를 가진 누구도 행복하지 않을 뿐 아니라 더 이상 유지될 수 없을 정도로 지독한 모순과 갈등을 내포하고 있어 이미 그 한계에 다다른 지금의 상황을 변화시키기 위해서는 신선한 사유와 기획이 필요하다. 그러한 가능성의 하나로, 주체의 자유, 권력, 진실을 결합적으로 성찰하고 실행하는 원리로서 섹스의 윤리화가 추진되어야 한다. 이 조건 위에서만이 새로운 관계적 권리가 상상될 수 있으며, 자유롭고 평등한 주체들 간의 민주적인 관계성이 실천될 수 있다.

섹스와
국가 통치성

성적 폭력으로부터 그에 대한 대항까지를 포함하여, 현재의 성 관련 사안들은 우리들에게 유의미한 파장과 갈등을 낳고 있다. 여기에는 앞에서 언급한 첫 번째 문제, 즉 미디어, 법, 가족 및 사회 질서 등에 관련된 제도적 차원에서 전개되는 대항 및 비판 운동이 관련된다. 이 논의는 섹스에 관한 주체의 윤리가 정치사회적인 맥락 안에서 확장되어 실천될 수 있는 조건과 관련된다.

첫째, 여성 자신의 성적 주체화 실현이라는 근본 요소가 존재한다. 이는 여성이 현재의 정치사회적 맥락 안에서 여성 자신과 맞는 관계로서 주체성의 형성을 의미한다. 이 주장은 실재 및 가상의 공적 공간에 등장한 여성들에 의해 활발히 주장되고 있다. 이 두 영역은 실제로는 분리되지 않고 유기적으로 연계된다. 그러나 여성 온라인 커뮤니티를 비롯한 디지털 페미니즘 활동이 대체로 온라인 공간에서 익명성을 전제로 한 '하이퍼매개hypermediacy'의 형식을 띤다면 물리적인 거리와 광장에서 몸으로 하는 시위는 '탈매개immediacy'(Bolter & Grusin, 1999)의 전형을 이룬다. '몰카' 범죄의 성별 편파 수사에 반대하는 혜화동 시위, 여성 누드 사진을 금하는 페이스북의 정책에 반대하는 여성 탈의 시위, 낙태죄 폐지를 주장하는 '검은 옷'의 여성 시위들이 주요 사례로 다루어질 수 있다. 이 논쟁들의 핵심은 여성의 섹스와 육체이며 그 실천 주체 역시 여성 자신으로서, 자신의 섹스와 육체를 공적으로 정의하고 표현하며 수행하고자 하는 자발성을 통해 추진되는 특징이 있다.

이 현상을 단지 단발적인 시도가 아니라 거시적인 흐름으로 이해하기 위해 여성들의 공공적 집합화가 지닌 정치적 효과 및 함의의 역사화가 긴요하다. 이렇듯 여성의 집합적 행동이 가능했던 데는 약 이십여 년간 한국 사회에서 진행되어 온 광장 정치의 경험이 주요한 바탕을 이뤘다. 잘 알려져 있듯이 1987년 민주화 시위가 '넥타이 부대'로 명명되는 중산층의 성인 남성들 중심으로 전개되었다면, 2000년대를 전후하여 개진된 일련의 광장 집회들엔 여성들이 매우 적극적인 참여 주체로 가시화됐다. 미군 장갑차 사건은 희생된 여중학생들을 애도하기 위한 집회로 이어졌으며, 2002년 월드컵 응원 현장은 육체성을 자신 있게 확보한 여성들의 집합적 거리 출현을 알렸다. 2008년 미국산 쇠고기 수입 반대 시위에서 여성 온라인 카페와 연계된 '유모차 부대'로부터 촛불소녀, 전 박근혜 대통령 탄핵 시위에 이르기까지 넓은 연령대를 아우르는 여성들이 광장에 모이고 외치는 정치 문화는 이미 한국 여성들의 삶에 체화되어 있다(김영옥, 2009; 김예란, 2010; 김은실, 2018).

이러한 집결과 연대의 저력이 오늘날 페미니즘 시위로 응집되고 있다. 일부 남성들에게는 일련의 여성 집회가 의외의 돌발적인 사고로 느껴질지 모르지만, 여성들에게는, 특히 젊은 여성들에게는 더욱, 그녀들의 삶의 과정에서 항상 가능했고 실제로 그녀들이 구현했던 광장 정치 역사의 지속 및 성장으로서 자연스러울 뿐이다. 기존의 정치 운동이 대체로 모든 시민을 아우르는 젠더 공통적 사안으로 간주되었다면, 현재의 페미니즘 시위는 여성 중심적이고 여성 특정의 사안으로 간주된다. 물론 페미니즘 정치에 관한 오해의 가장 큰 원인은 '시민'과 '여성'을 구별하고, '민주주의'와 '페미니즘'을 차별하고 '보편'의 정치와 '성'의 정치를 분리하는 남성 중심적인 정치의식의 오류에 있다. 이 상황에서 취약한 여성 육체의 자발적인 드러남이란, 바로 그녀들을 취약하게 만든 사회의 부조리를 고발하는 효과를 낳는다는 점에서 그 자체가 도전적이고 정치적이다(Butler, 2006; 2016).

두 번째는 이렇듯 왜곡된 상황에서 전개되는 여성 섹스의 담론화와 관련된다. 기존의 담론 체제는 이성애적이며 남근 중심적인 질서로 구성되어 있다(Butler, 1990; 1993). 이러한 담론의 경계에 여성의 섹스와 육체가 어떠한 언어적 양식, 미디어 시스템, 사회적 네트워크를 통해 담론화되어야 하며 담론화될 수 있는지에 대한 통찰과 개선이 요청된다. 주요한 사례로서 미투는 처참한 고통과 굴욕에 젖은 육체가 자신의 '취약성'을 '정치적 저항력'으로 발휘하는 주장으로 발화되었다. 특정 분야나 조직에서 여성에 대한 성추행 및 성폭력이 공공연히 범해지고 있음을 폭로하는 운동으로 2016년 문단 내 성폭력 고발 사건이 있었고, 더 오래전으로 거슬러 올라간다면 1990년대 후반부터 대학 내 성희롱·성폭력이 본격적으로 공론화되었다(권김현영, 2018; 이미정 외, 2015). 이후 예술계, 학계, 체육계, 정치계를 아우르며 '미투'가 동시다발적으로 발화되었다. 이러한 성폭력 비판 운동은 가부장제에서 야기되는 '공공의 잔혹'을 '공공의 공감'으로 전환한 여성들의 집합적인 운동력의 표상으로(Rodino-Colocino, 2018) 지지될 수 있다.

이러한 섹스의 대안적인 담론 실천 운동이 지속적으로 발전하여 실질적인 사회 변화력으로 성장하기 위해서는 해결되어야 할 현안들이 존재한다. 여성 대중이 디지털 네트워크에서 발산한 현장적인 언어 수행성이 언론을 비롯한 기성 미디어 체계와 접합하는 방식이 관건이다. 로절린드 질Rosalind Gill과 샤니 오르가드Shani Orgad(2016)의 지적처럼 미디어가 미투를 다루는 방식에서는 해당 사안이 정의로운 변화를 지향하는 관점에서 논쟁되기보다는 '섹시즘과 섹스'가 '잘 팔리는' 소재이기에 선정적으로 다룬 경향이 강하다. 미디어는 여성에 대한 폭력을 생산, 유지, 보상하는 '자본주의, 가부장제, 성차별의 시스템'에 대해 근본적인 비판을 가하는 대신 단지 몇 명의 '악한 괴물'로 축소된 대상들을 흥밋거리로 다룰 뿐이다. 또한 '파워풀 맨'에 대해 역시 인종, 교육, 경제, 사회적 지위 등에서 영향력을 갖춘 '부유하고, 유명하고, 젊고, 아름다운 여성'이 움직일 때, 대중적 관심이 몰린다는 사실은 이미 국내외적으로 지적된 바 있다(예를 들어 이희은, 2018; Zarkov & Davis, 2018 참조). 이와 그다지 다르지 않게 서지현 검사의 미투 운동은 그녀가 이른바 '젊고 아름답고 우수한 검사'였기에, 또 그녀가 고발하는 대상이 유력한 검사 나아가 대한민국에서 가장 '강력한' 조직인 — 여기서 강력함이란, 영화와 드라마에서의 풍자를 거쳐 정치적인 현안으로 심화된 현상에서 알 수 있듯이, 최고 엘리트 조직이기에 가지는 권위, 매력, 존경 같은 긍정적 요소와 함께, 부패하고 독단적인 권능으로 점철되었다는 부정적 요소를 아우르는 검찰의 스펙터클한 후광을 모두 가리킨다 — 검찰이었기에 사회적 관심은 더욱 집중될 수 있었다.

더욱이 미투를 포함한 대부분의 섹스 사안들은 갈등적인 해석과 의견이 뒤섞여 있어 혼돈스러운 '회색지대'를 안고 있다(Zarkov & Davis, 2018). '섹슈얼리티 및 권력과 연관된 복잡하고도 모호한 관계들이 교섭'하는 미세하고도 혼란스러운 맥락이 존재하기 때문이다. 따라서 섹스 사안들에서 섹스 행위라는 미시 영역에만 치중할 때, 이들을 수반한 보다 거시적인 권력과 성의 구조에 대한 이해 및 그것들이 야기하는 딜레마에 대한 진지한 고찰은 자칫 누락되기 쉽다(Zarkov & Davis, 2018).

세번째, 갈등적 섹스 사안은 결국 사법 체계에 접수되며, 사건에 대한 최종 판단은 법에 의해 결정되는 경로를 밟게 된다. 이 사항은 통치성의 거대 형태인 국가의 통치성과 섹스, 특히 여성의 섹스와의 관계에 해당한다. 사회 전반에서 섹스의 윤리화가 결여된 상태에서, 섹스의 진실을 규정짓고 판정 내리는 국가 통치성 및 그에 대해 여성이 맺게 되는 관계에 대한 고민이라고 할 수 있다. "여성을 위한 나라는 없다"라는 비판과 "내 몸은 내 것이다, 내 자궁에 간섭하지 마라, 낙태가 죄라면 나라가 범인이다" 등의 주장이 혼재한다.

이 사례들을 정교하게 분석하기 위해서는 법 논리와 행정 체계에 대한 이해가 필요하다. 그러나 이는 이 글의 범위를 넘어서는 문제로, 여기에서는 여성의 자아 통치성의 입장에서 국가의 통치성과 상호 작용하는 관계에 계속 집중하기로 한다. 이러한 사례들은 여성의 육체와 국가 권력 간의 모순과 혼란 — 그러나 반드시 인식되어 극복되어야 하는 유의미한 모순과 혼란 — 을 보여 준다. 국가가 여성을 보호하는 강력한 권력으로 소환되기도 하지만 동시에 여성의 몸이 국가로부터 자유로워한다고 주장되기 때문이다. 그러나 여성을 위한 나라란 과연 무엇이고 섹스 영역에 개입하는 국가의 위상과 역할이 어떠해야 하며, 그 권력 작용이 과연 합당한 것인지, 혹은 그로부터 여성 주체의 자유란 어떻게 실행될 수 있는지는 매우 세밀하게 살펴야 하는 복잡한 문제다. 논쟁의 핵심을 단순하게 정리하면, 여성의 섹스와 국가 통치성의 관계에서 (국가에 의한) 안전과 (여성의) 자유의 경계는 어떻게 설정되는가? 생명 권력 체제에서 '안전'과 '자유'가 긴장적인 균형을 이루는 두 개의 주요 축으로 작동해 왔음은 주지의 사실이다 (Foucault, 2008).

생명 정치의 통치성은 한편으로는 국가 구성원에

대한 보호와 안전 제공을, 다른 한편으로는 시민의 자유를 보장하는 두 축 사이에서 효율적이며 생산적인 균형을 잡는 기술로 유지된다(Foucault, 2008). 그러므로 이 논리 안에서 시민의 자유가 보호와 안전을 근거로 해서 제한될 수 있으며 그 역도 마찬가지로 가능하다. 생명 정치는 미시적으로는 개인에 대한 해부학적 접근, 그리고 거시적으로는 국가 인구 집단을 관리·규제·촉진하는 일련의 지식 체계와 사회적 장치들을 수립하고 운영하는 방식으로 실행되었다. 이 정치 체제는 억압이나 훈육의 원리가 아니라 능동적이고 생산적인 주체 형성을 통해 발전을 추진한다. 따라서 국가 구성원들로 하여금 바람직한 삶을 스스로 원하고 그 실현을 위해 자발적이고 적극적으로 노력하도록 지지, 추동, 요청하는 방향으로 개진되었다. 이 지점에서 섹스는 개인의 내밀한 사적 차원과 인구 형성이라는 공적인 차원이 교차하는 영역으로서, 생명 정치의 핵심 영역이 되었다(Foucault, 2008).

생명 권력의 통치성의 관점에서 볼 때, 오늘날 한국 사회에서 여성의 섹스가 국가의 공공적 선과 정의가 구현되어야 하는 영역으로 사고되는 현상은 매우 흥미롭고 중요하다. 그렇지만 주의할 점은 생명 정치 체제 안에서 한때 '여성을 위한 나라'를 주장하는 보호와 안전의 권력이 곧이어 '여성의 자궁을 지배'하려는 권력으로 변용될 수도 있다는 사실이다. 그러나 다른 한편으로는 '여성을 버리는 나라' 역시 잘못된 것임은 분명하다. 여성의 육체에 대해 국가는 때로는 정의로운 보호자로 자임하는 반면 때로는 억압하고 처벌하는 통제자로 군림한다. 이 광범하고 강력한 유연성과 변이성이 현대의 국가 통치성을 지지하는 근간이기도 하다. 과연 국가가 성의 정의를 구축하고 실행, 판정내리는 권력으로 정당화될 수 있는가? 그렇지 않다면, 섹스에 관한 사회적 실천을 법 외부의 영역으로 제외시킴이 맞는가? 이 질문들은 국가의 통치성에 대해 여성이 대응, 교섭, 저항할 수 있는 자아의 통치성 확보라는 주제로 요약할 수 있다.

이 문제에 대해, 국가와 여성의 섹슈얼리티 및 육체의 관계에 대해 자유/억압, 허용/처벌 등의 이분법 설정은 적합하지 않아 보인다. 각 입장에서 공통적으로 발견되는 문제점은 국가의 사법 체제 안에서 여성의 육체가 예외적이며 비정상적인 대상으로 규정된다는 점에 있다. 여성의 육체는 역설적이게도 '탈정치화'되는 방식으로 '통치'된다. 이 점에서 여성 육체의 정치화는 탈정치화의 전략을 취하는 통치성에 대한 비판에서 시작된다.

가령 낙태법 사안에 대해 백영경(2018)은 여성의 재생산 권리를 전적인 자유주의적 권리("내 몸의 주인은 나"라는 외침) 아니면 타인에게 귀속되는 권리로 지정하는 양극화된 논리를 비판한다. 그리고 국가 주도의 인구 통제 정책(가족 계획과 출산 장려라는 반대적인 접근 모두)이 여성의 육체를 정상화하는 방식으로 탈정치화했음을 적확하게 지적한다. 그리고 이제 역사·사회적 맥락 안에서 여성의 성과 재생산 권리에 개입하는 교차성을 이해하기를 촉구한다(백영경, 2018). 이와 유사하게 이유림(2018)은 '생명권과 (자기)결정권의 허구적인 이분법'을 해체하기를 요구한다. '낙인의 경계' 안에서는 인정되지만 그 바깥에서의 임신과 출산에 대해서는 차별과 고통이 당연시되는 '허구적이고 임의적'인 '낙태죄'를 '규범적이고 정상적인 섹슈얼리티를 강제하는 국가의 힘'으로 비판하고 적극적으로 정치화하자는 것이다(이유림, 2018: 32, 38). 이러한 주장들은 모두 여성의 섹스를 비정상적인 것으로 전제한 후 이를 정상화시키는 방식으로 작동하는 국가의 통치 권력을 비판하고 있다.

한국의 상황과 유사하게 푸코와 아감벤의 생명정치 관점에서 낙태의 사안을 분석한 페넬로페 도이처 Penelope Deutscher(2008)의 연구에 따르면, 낙태를 허용하는 국가들의 경우에도 사회, 경제, 도덕, 문화의 준거에서 선별된 예외 조건을 추가함으로써만 여성의 낙태를 인정한다. 태아가 '전前 생명prelife'의 불완전하고 모호한 것으로 규정되듯이, 그러한 태아를 품는 여성의 육체 역시 '정상적'인 통치 권력에 대한 '예외'로 배제된다(Deutscher, 2008). 낙태가 예외적인 상황(예를 들어 강간에서 임신한 경우)에서만 허용되는 것으로 논리화되면서 결국 낙태의 불법성이 재확인되는 것이다. 아울러 같은 논리에 의해 재생산 권리는 국가의 통치 대상으로 더욱 확고하게 고정된다. 이렇듯 낙태에 대한 이중 논리인 '합법성과 예외성,' 즉 예외적으로만 인정되는 합법성은 '여성의 육체를 재생산적인 생명 정치 목표물로 고무, 투자, 자극, 생산, 규제'하는 가장 '원천적인 형태'를 이루게 된다(Deutscher, 2008).

여성의 몸은 하나의 전장이다. 생명의 존속, 억압, 그리고 재생산의 사안을 놓고, 권력/저항, 자유/억압, 보호/방치, 규범/욕망이 복잡하게 얽히며 상호 작용하고 역동적으로 발현하는 장소다. 이처럼 여성의 섹스와 육체, 그리고 생명 정치의 통치성에 관한 까다로운 문제들에 대해 두 가지 정도의 잠정적인 대안이 가능할 듯하다. 하나는 실용적인 접근으로서 현존하는 법·정치·사회·경제 제도를 개선하여 성평등을 구현하는 일이다. 〈가디언 *The Guardian*〉의 저명한 칼럼니스트인 조너선 프리드랜드 Jonathan Freedland가 브렛 캐버노Brett Kavanaugh 미국 연방

대법관 후보자에 대해 그가 과거에 자신을 성폭력했음을 폭로한 크리스틴 블레이시 포드Christine Blasey Ford 팰로앨토대학교 교수의 미투 사건을 계기로 제시한 현실 진단은 정확하다. 캐버노를 지명한 트럼프 대통령은 물론이고, 푸틴 대통령, 영국·헝가리·터키 등의 유력한 정치인들에 이르기까지 "유독한 남성성toxic masculinity"의 거대 권력이 "세계 정치계에 음험하게 확산"되고 있다(Freedland, 2018). 이처럼 남성 중심적 정치 질서를 혁파하고 여성, 남성, 그리고 다양한 소수성들 사이의 성평등 구현을 위해 세부 법규로부터 정책 개발에 이르는 다각적인 혁신이 추진되어야 한다.

이와 함께 사법과 국가의 개입에 우선하는 근본적인 문제로 통치성에 대한 성적 주체화의 사안이 존재한다. 이에 관련하여 푸코의 논의에서 나타났듯이 자아 형성의 실천 원리로서 섹스의 윤리화가 성숙되어야 한다. 이 지점에서 국가 통치성에 효과적으로 대응할 수 있는 자아 통치성의 형성이 특히 중요하다. 구체적인 사안에 따라 여성 주체의 자아 통치성은 국가의 통치성과 합치하거나 충돌할 수 있다. 모든 윤리는 주어진 사회 질서 및 규범 체계로부터 완전히 독립적일 수 없으며 그것과의 상호 관계 안에서 실험되고 현실화되기 때문이다. 그럼에도 객관적인 규범에 무조건적으로 종속되지 않고 자신의 가치와 신념에 따라 변용하고 도전한다는 점에서 주체의 윤리 실천은 창발적이고 근원적이다. 무엇보다도 여성 주체가 자신과 맺는 관계 실천인 자아 통치성이 자발적이며 자율적으로 형성되고 그 실천이 자유로울 때, 여성 주체와 국가의 관계가 민주적으로 설정될 수 있다. 반대로 구체적인 사안마다 국가가 소환되거나 거부되는 집단적 주장이 파편적으로 거듭된다면, 억압 아니면 해방이라는 극단화의 한계를 벗어날 수 없다. 국가에 의존하여 여성의 주체성이 정의되는 식의 타율적인 구속성만 강화될 뿐이다. 최악의 경우 나의 몸을 보호하기 위해 요청되었던 국가 권력이 같은 논리로 인해 억압과 차별의 권력으로 작동하거나, 나의 몸을 해방하기 위해 주장했던 논리가 국가 권력에 의한 방치와 배제의 근거로 활용될 수 있다.

국가 통치성과 현명하게 교섭하고 도전적인 삶을 실천하기 위해, 섹스의 윤리화는 섹스의 법제화에 우선하며, 그보다 심대하고 자유롭다.

사랑의 무대
: 선언과 건설

이 장은 유한성의 공존으로서 사랑을, 사랑의 주체이자 대상이자 매개로서 육체와 섹슈얼리티를, 이러한 자유와 환희가 파괴되는 사건으로서 폭력을, 이 왜곡된 굴레를 넘어서기 위한 방법론으로 자유와 평등의 관계성의 발명을 말했다. 이 모든 기쁜 고통, 고통스러운 욕망, 욕망의 진실을 아우르는 실천 체계가 섹스의 윤리화라면, 그것은 사랑을 근본 원리로 한다.

바디우에게 사랑은 "둘의 세계"다(Badiou, 2009/2010). 단일한 동일체로서 자아라는 벽이 깨지고, '탈중심화'된 시각으로 세계를 건설하는 삶의 기획이다. 사랑의 무대에 선 연인들은 각자가 유일한 주인공이던 '하나'의 온전한 세계에서 나와, 다름의 '둘'의 결합을 이룬다. 그리고 또 하나의 새로운 세계를 건설한다. 이 사건은 조우에서부터 선언("나는 너를 사랑해"), 그리고 이후에 계속되어야 할, 두 다름들을 견디며 사랑을 보존하려는 인내 어린 노력들을 모두 포함한다. 아이의 탄생이 상징하듯, 사랑은 다름들의 결합에서 탄생하는 새로운 세계다.

연인들, 즉 두 다름들이 추구하는 새로운 세계로

의 사랑은 늘 분리와 이별의 위험에 노출되며, 법과 사회적인 제도 등의 외부적 조건에도 줄곧 마찰적이다. 그럼에도 사랑이 근본적인 정동 윤리인 이유는, 바디우가 《사랑 예찬*Éloge de l'amour*》의 서두에 인용한 아르튀르 랭보Arthur Rimbaud의 말처럼, 이처럼 지독한 혼란과 고통에도 불구하고 그것을 뚫고 넘으면서, 사랑은 항상 '재발명'되어야 할 필연성을 요청한다는 점이다. 진실하고 자유로운 관계성의 창조는 사랑의 재발명을 지속적으로 이끌기 위한 근본 요소다.

이렇듯 다름의 행복을 창조하고 보살피는 근원적 정동으로서 사랑이 있다. 그래서 사랑은 언제나 급진적이며, 아직 오지 않은 순간 — 미래 — 을 기약한다. 우리가 미처 오지 않은 어느 시간의 도래를 믿는다면, 이는 지금이 아닌 앞으로 올 다름을 희망하기 때문이다. 다름에 대한 희망은 사랑에서 비롯하며 동시에 사랑을 낳는다.

현재의 삶에 얼룩진 폭력, 두려움, 우울, 분노를 넘어서 행복한 세계를 믿고 상상하며 건설할 수 있는 가능성 역시 사랑에 있다. 사랑은 지금이 아닐 다른 시간, 이것이 아닐 다른 장소, '나'라는 완고한 동일성의 경계를 '터치'(Nancy, 2004)하는 다름이다. 비록 자신, 타인, 세계가 불완전하고 상실된 것일수록, 아니 그만큼 더. 유한의 경계가 찬란하게 부서지는 기쁨, 그리고 닿게 되는 새로운 존재. 그 파괴적인 창발이 사랑이기 때문이다.

6장

진실

“ 대중의 진실 실천은 자신을 급진적으로 변형하는 윤리적 가치와, 권력에 대한 비판으로 수행되는 정치적 가치를 공통으로 함축한다. 따라서 윤리와 정치가 서로의 외부에 있되, 양자가 서로를 지속적으로 자극하고 변화를 도모하는 정치윤리적 가치를 동시에 확보할 수 있다. ”

© 김예란

나는 앞서 정동이 신념과 의지를 형성하며, 이 결합이 유의미한 정치적 동력으로 기능할 수 있다고 말했다(1부 3장). 이 주장은 흔히 '포스트진실'로 비판되는 현상, 즉 진실에 대한 신념과 책무가 사라지고 자신의 편의와 이해관계에 따라 왜곡하는 경향을 우려하는 입장과는 구별된다. 비윤리적이며 탈정치적인 정동의 혼란을 극복하고 보다 건강하고 바른 민주주의를 형성하기 위해 정동의 윤리, 나아가 정동의 정치가 필요하다는 제안이기 때문이다. 나는 그러한 정동의 정치윤리적 실천을 '진실 실천'이라 부르면서 현대 한국 사회에서 진행되는 진실 실천 및 그것을 추동하는 사회적 역동을 살펴보고자 한다.

한국 통치성의 역사

최근 몇 년간 푸코의 통치성 개념은 한국의 학계에 중대한 영향을 미쳤다. 푸코가 서구 근대 사회에서 점진적으로 발전한 생명 정치를 설명하기 위한 핵심 경로로서 20세기 초·중반 부상한 신자유주의 사상 및 실제를 분석했던 데 비해(Brown, 2015; Foucault, 2010), 한국 사회의 경우는 1990년대 후반부터 생명 정치와 신자유주의에 관한 이론과 체제가 동시적으로 도입되고 성장하며 분석된 성격이 강하기에 양자가 시기적으로 매우 긴밀하게 겹쳐진다.*

* 가령 서동진(2004)은 이 사회적 변동 과정을 박정희 체제로부터 '생정치' 체제로의 이행으로 해석한다. 또한 지주형(2011)의 분석에 따르면, 1970~1980년대 시기 군부 독재 정권의 지지 위에서 서강학파와 김재익 등의 주요 경제 관료진에 의해 신자유주의 경제 이론이 적극적으로 수입되고 실행 가능한 경제 정책안으로 고려되었으나 보수와 진보 양 측면에서 제기된 사회적 저항으로 인해 좌초되었다. 즉 한국에서 신자유주의 이론은 이전 시기부터 도입되었지만 1990년대 말 IMF 개입하에 경제 위기 수습 과정을 거치면서야 신자유주의 정책으로 본격화되고 신자유주의 사회로 현실화되었다. 이 연구들로부터, 한국에서는 1990년대 후반을 기준으로 해서 이전의 훈육 체제와 구분되는 생명 정치 체제가 성장했으며 신자유주의 질서 역시 본격적으로 수립되었음을 확인할 수 있다.

한국 현대사에서 통치성과 진실 실천의 관계를 실제적으로 살펴보기 위한 목적에서, 한국 사회의 경제, 사회, 정치적인 상황 및 언론과 커뮤니케이션 조건에 근거하여 '훈육 체제'와 '생명 정치 체제'의 두 시기를 구분할 수 있다. 훈육 체제는 군부 독재 체제에서 압축적 근대화가 추진되며 경제적 성장이 이뤄지는 한편 1987년 민주화 체제의 성립 속에서 여전히 사회정치적인 갈등과 혼란이 심화되었던 기간인, 1970년대 중반부터 1990년대 초반까지의 시기에 해당된다. 생명 정치 체계는 제도적으로 민주화가 정착된 이후, 후기 자본주의 질서 및 소비 대중 사회의 팽창을 거쳐 경제 위기 사태를 겪으며 신자유주의 체제가 본격적으로 확립된 시기에 해당한다. 동시에 젠더와 계급의 불평등 모순은 유지 또는 심화되었으며 미디어 테크놀로지의 획기적인 발달에 힘입어 디지털 네트워크가 주요한 커뮤니케이션 환경으로 구축된 1990년대 말부터 현재까지의 기간으로 설정된다.

주지하다시피 한국 사회에서 군부 독재 정권이 훈육적이고 폭력적인 권위주의 체제를 구축했다면 민주화를 거쳐 20세기 말부터 가속화된 신자유주의 체제에서는 생명 정치의 성격이 농후한 '신자유주의 통치성'(Lemke, 2002)이 강화되었다. 이로써 (적어도 외형상으로는) 근대화의 목표에 구속된 국가로부터 개인의 권리와 풍요를 지원하는 복지 국가 체제로, 사법적인 질서로부터 규범과 자율에 의존하는 정상화의 질서로, 금지와 처벌로 다스리는 권위주의 체제로부터 부와 쾌락을 욕망하는 소비 자본주의 체제로, 냉전으로 요약되는 강압적인 '죽음'의 구조로부터 욕망과 성공을 희원하는 '삶'의 구조로, 요컨대 "피"로 상징되는 훈육적 통치성으로부터 삶의 번영과 증진이 추구되는 "생명 권력" 통치성으로 이행했다(Foucault, 1978).•

통치성의 구체적인 형태가 사회역사적인 특수성에 따라 다양하게 나타난다는 점은 이미 국제적으로 관찰된 바 있다. 우선 푸코는 1970년대 말, "생명 정치의 탄생"의 주제로 20세기 초·중반의 독일과 미국에서 신자유주의의 지적 전통이 성장했음을 이론적으로 고찰했다. 그 바탕 위에서 웬디 브라운Wendy Brown(2015)은 1980년대 중반부터 세계적으로 현실화한 실제로서 신자유주의에 주목한다. 브라운에 따르면 이미 1970년대 초반에 남반구의 국가들에서 미국과 IMF의 연합체가 부여한 신자유주의 질서

• 2장에서 사용한 생명 권력 통치성의 개념과 일견 그 영역(각각 성과 정치)은 다르지만 생명을 창출하고 배양을 독려하는 통치 체제라는 점에서 일관된 공통성을 지닌다.

가 군부 정권에 의해 훈육적이고 강압적인 형태로 개시되었다. 이후 1980년대에 영국의 대처 정부와 미국의 레이건 정부에서 신자유주의 정책이 본격화했다. 1990년대에 이르면 서구 전반에서 신자유주의적인 통치 이성과 기술이 "주체, 언어, 일상, 의식"에 작동하는 "정교하고 세밀"하며 "부드러운" 미시 권력으로 발달한다(Brown, 2015, 특히 2장). 이로써 경영적 주체, 시장에서의 자유와 경쟁, 탈규제적인 정책이 세계를 구성하는 '진실'로 정당화되는 신자유주의 체제가 전 지구적 규모로 자리잡는다(Couldry, 2010).

한편 한국은 1960~1980년대에 군부 독재 정권이 지배하는 훈육 체제 안에서 압축적 근대화가 강압적으로 추진되었다. 이어 1980년대부터 1990년대에 이르는 기간에 민주화 체제가 정립된 이래 1990년대 말 경제 위기 상황에서 신자유주의적 통치성이 전면화되었다. 이 반세기 동안 한국 사회는 통치성의 대별적인 두 형태 — 훈육 체제와 생명 정치 체제 — 를 급격한 이행 과정으로서뿐 아니라 동시적인 이중 질서로도 경험했다.

특정한 통치성 체제에서는 특정한 형식의 진실 실천(Lemke, 2011)이 추진된다. 그 중요한 이유 중 하나는 푸코가 '문화culture'의 개념을 여러 지점에서 자연스럽게 사용한 사실에서 느낄 수 있듯이, 진실에 결속된 자아의 기술이란 곧 자신을 형성하고 수양하며 변화시켜 나가는 하나의 문화적 과정이기 때문이다.* 또한 통치성이 역사적인 이행 과정을 거치는 것과 마찬가지로 그에 대한 저항 역시 변화와 단절의 역동적인 역사를 구성한다. 이를테면 강압적인 군대와 사법에 의거하는 훈육적 통치성에 대해서 죽음의 위험을 감수하는 몸의 저항이 조직적인 사건으로 감행된다면, 인구의 삶을 배양하고 개인의 자유의 보장과 극대화를 통치의 수단으로 활용하는 생명 체제에서는 일상에서 주체의 영혼, 정신, 언어가 다각적인 면모로 동원되는 부드러운 저항이 진행될 수 있다(Lilja & Vinthagen, 2017). 또한 정치적 파레시아와 철학적 파레시아 등의 사례에서 상술되었듯이(1부 3장), 진실을 체현하고 증언하는 파레시아 역시 사회문화적인 특수성을 지니며 고유한 성격의 경험, 사유, 의미를 생성한다(Foucault, 2010: 343). 이처럼 진실, 비판, 저항의 문화적 형식은 권력에 대한 윤리적 주체화의 방식에 따라 다양하게 경험되며 현실화되고 변이된다(Lemke, 2011).

* 주지하다시피 문화의 어원은 '쿨투라'로서 주어진 것으로서의 자연과 달리 인간의 배려와 노력으로 구현되는 키움과 일굼, 그럼으로써 자연을 변화시킴이라는 의미를 지닌다(김창남, 2014).

그렇다면 한국의 현대 역사에서 진실 실천의 문화는 어떠한 형성, 분화, 변화의 과정을 거쳤을까? 이 문제에 접근하기 위해 앞(I부 3장)에서 서술한 진실, 비판, 통치성, 그리고 파레시아의 이론을 참조하는 동시에 한국 자생적인 진실 발언 역사에 기초하여, 그 주요 현상들을 사건화하여 분석하겠다. 이미 언급했듯이 두 사건을 살펴볼 텐데, 하나는 군부 독재 체제의 훈육 통치성에 대해 자신의 진실에 대한 신념을 발언하는 비판으로서 '양심선언'의 흐름이다. 다른 하나는 현재 신자유주의적인 통치성의 조건에서 자신의 삶의 진실을 말함으로써 비판을 가하고 저항을 행하는, 이 글에서 '소셜 네트워크의 진실 발언'이라고 부르는 현상이다. 갑질 고발, 미투의 현상들이 구체적인 사례에 해당된다. 양심선언과 소셜 네트워크 진실 발언의 공통성은 각기 자생했거나(갑질), 원래 있었던 개념이 새로운 맥락 안에서 재정의되거나(양심), 외국에서 시작된 운동의 개념이 토착화(미투)되는 다양한 갈래들을 거치되, 대중의 삶에 자연스러운 단어로 융화되면서 대중의 진실 실천의 중요한 형태로 만들어지고 체득되며 실행된 사실에 있다.

이를 통해 진실 실천이 한국 사회의 특수성 안에서 고유한 정치 윤리적 형태로 형성되고 민주주의를 이끄는 중요한 힘으로 작동했음을, 그리고 지금도 여전히 꿈틀

대며 살아 있음을 제시하겠다.

'양심선언' : 목숨과 자유

한국의 현대사 맥락에서 주요한 두 국면인 훈육 체제와 생명 권력 체제에서 전개된 각각의 진실 실천은 서로 비교되는 중요한 특징을 지닌다. 지난 반세기 동안 한국 사회는 군부 독재 정권에 의해 억압, 금지, 처벌 그리고 죽음의 권력이 강제적으로 작동되는 훈육 권력 체제로부터 인구의 몸, 욕망, 자유 그리고 삶의 영역을 부드럽고 효율적으로 관리하는 신자유주의 체제로 이행했다(서동진, 2004). 또한 이 변동은 사회적 측면에서 가속화된 개인화의 흐름과 중첩되는 것이기도 하다. 국가 중심적인 권위주의 체제가 해체되면서 개인의 평등하고 자유로운 삶, 즉 "존엄성, 자율성, 사생활, 자기 발전"의 가치들이 중시된다(김수정, 2019). 이러한 사회 변동과 함께 오래된 한국 사회의 모순, 즉 젠더 불평등, 정치·이념 대립, 세대 갈등, 빈부의 양극화 등의 사안들이 개선되기는커녕 신자유주의 체제에서 더욱 악화되는 현실이 대중적 진실 실천의 움직임을 더욱 활성화시켰다.*

권력과 마찬가지로 저항도 역사적 특수성을 지닌다. 훈육 체제 진실 실천의 대표적 사례로 1970~1980년대 군사 독재 체제부터 1990년대 초반에 이르는 기간에 시도되었던 양심선언을 살펴볼 수 있다. 생명 권력 체제에서는 소셜 네트워크의 환경에서 활발해진 진실 발언을 조명한다.

1970년대 유신 정권에서부터 1990년대 초반 노태우 정권에 이르기까지 군부 독재 권위주의 체제에서 전개된 진실 실천의 주요 사례로 양심선언에 주목할 수 있다. 그 20여 년간 한국 사회의 민주화 투쟁 과정에서 양심선언은 매우 다양한 형태의 운동으로 전개되었다.

1974년 지학순 주교가 유신헌법 및 긴급조치가 자연법에 어긋남을 주장한 "우리 시대 양심선언"을 발표한 이래, 단지 개별적인 사건의 차원이 아니라 정치, 경제, 사회, 문화, 복지 등 인간 삶의 모든 영역에서 양심선언 운동이 추진되었다(박일영, 1988). 여기서 주목할 개념은 '양심'이다. 양심선언의 맥락에서 양심은 사회를 장악한 불의

• 〈중앙일보〉 탐사 보도에 따르면 온라인 갈등의 70%는 젠더 사안과 관련된 주제였고, 정치 · 이념 갈등, 세대 갈등, 직장 내 갈등이 나머지를 차지했다(손국희 · 정진우 · 문현경, 2019)

와 부패를 비판하고 그에 저항하는 인간의 책임이자 자유로 인식되었다. '양심수,' '양심의 외침' 등의 단어들이 상징하듯이, 양심은 억압과 부정에 저항하면서 진리와 사랑을 행하여 인간됨을 실천하도록 이끄는 정의로운 가치로 여겨졌다(박일영, 1988). 예를 들어 양심선언 사건으로 투옥된 지학순 주교가 교황청에 보낸 편지에서 양심은 "피할 수 없는 상황에서 정의의 증거"라고 묘사되고 있다(Korea Texte und Fragen, 1976: 52; 박일영, 1988: 20에서 재인용).

유신 정권에서 1차적인 양심선언 운동이 전개되었다면, 보다 광범위한 양심선언 운동이 1980년대 중반부터 1990년대 초까지 다각적으로 전개되었다. 특히 1987년 6월 혁명을 기점으로 해서 민주화의 가능성에 대한 기대는 크게 성장했지만 실제적인 구현은 유예되는 한편 그간 억눌렸던 사회 정치적 갈등과 모순이 심하게 표출되던 시기였던 1980년대 후반부터 1990년대 초반까지의 노태우 정권 시기에 양심선언이 격렬하게 행해졌다. 이는 민주주의가 제도적으로 확립되어 가면서 표현의 자유에 대한 기대가 커지고 소통의 활로가 상대적으로 확대되지만 정치적 혼돈과 억압은 강고한 상황에서 그간 쌓여 왔던 분노와 억울함이 폭발하는 자연스러운 흐름으로 이해할 수 있다. 이전의 철통같은 억압과 검열의 질서에 균열이 생기면서 사회 각 지점들에서는 그간 자발적이거나 비자발적으로 행해진 오류를 고백, 증언, 고발하는 움직임이 활발해진다.

1970년대 양심선언은 소수의 지식인과 여론 지도자들이 정권의 부당함과 폭력성을 비판하고 그에 대한 저항을 주장하는 입장이었다. 이에 비해 1980년대 후반의 양심선언은 과거 정권의 강압에 의해 부당한 조치에 합류한 자신의 행동을 고백하고 공개하면서 반성과 변혁을 제안하는 성격이 강하다. 그 구체적인 내용과 특징은 다음과 같다.

1970년대 양심선언 운동 초기에는 종교 단체, 특히 지학순 주교로부터 김수환 추기경으로까지 이어지는 가톨릭 교단이 중요한 영향을 미쳤다. 이후 부정 투표를 폭로하는 양심선언 등이 확산되면서 1975년 즈음에는 '민주회복국민회의'를 비롯한 민주 진영에서 '양심수호' 운동을 권장하는 사회적인 움직임들이 본격화된다(전병용, 1989). 양심선언 사건들에서 가장 잘 알려진 사례는 〈김지하 반공법 위반 사건의 진상〉(1975)을 뒤집기 위한 김지하 시인의 양심선언이다. 이는 박정희 체제의 폭압과 모순을 국제적으로 알리는 주요 계기가 되었다. 당시 투옥 중이었던 김지하는 앞서 자신의 증언으로 알려진 〈김지하 반공

법 위반 사건의 진상〉 문건이 강제와 고문에 의해 거짓으로 작성된 것임을 밝히는 "진실의 목소리"를 감옥 밖으로 내보내고자 시도했다.• 가족과 친구를 비롯하여 간수와 동료 죄수들을 포함하는 감옥 안팎의 조력자들의 도움을 얻어 작성되고 감옥 외부로 유출될 수 있었던 김지하의 양심선언문은 1975년 8월 4일에 일본 가톨릭정의평화위원회에서 처음으로 발표되었고 이후 6개 국어로 번역되어 각국 인권 단체 및 종교 단체에 배포되었다(전병용, 1988). 그의 양심선언문은 "정의와 진리를 사랑하는 모든 이들"을 향한 것으로 제시된다. 그는 "자유의 이름"으로 "치떨리는 분노로 항의"하며, "자유와 평화를 사랑하는 전 세계의 양심 있는 이웃들은 우리의 외롭고 고난에 찬 투쟁에 아낌없이 지원할 것"이기에 "자유와 해방"을 위한 "민주주의의 승리"를 향해 "우리의 모든 것을 던지자"고 주장한다(김지하, 1975; 전병용, 1989: 153에서 재인용). 이 글에서 양심은 진리와 자유를 실천하는 인간의 표상으로 나타난다. 두 시기에 나타난 양심선언의 특징을 진실 실천의 주체,

• 이는 김지하가 투옥된 감옥의 간수였고 그의 양심선언문의 작성 및 가톨릭 진보 운동 진영으로의 전달에 기여한 전병용의 회고록을 참조했다(전병용, 1989).

조건, 주제, 효과의 범주로 나누어 살펴볼 수 있다.*

첫째, 양심선언에 참여한 주체는 매우 다양하다. 1970년대 양심선언이 종교 지도자, 문학가, 지식인 등 엘리트 집단에 속하는 인물들에 의해 주도되었다면, 1980년대 민주화 체제 성립기에는 사회의 다양한 위치들에서 다성의 목소리들이 마치 서로 독려하고 겨루듯이 양심선언을 하는 양상이 나타난다. (좌경용공으로 날조된) 학생운동가, (간첩으로 조작된) 농민운동가, 언론인, 공무원으로부터 경찰, 전경, 반노조 폭력단, 분뇨 수거자, 백골단, 프락치에 이르기까지 상이한 계급과 계층을 아우르며 그 폭이 매우 넓다. 아울러 개인과 소규모 조직의 양심선언에 운동 단체나 종교계가 협력했다. 본래부터 사회 참여에 적극적이었던 가톨릭에 기독교가 동참했으며 자신의 정치적 소극성을 반성하며 민족·민주 운동에 참여하는 '실천 불교'가 나타나기도 한다(이은봉, 1989).

둘째, 양심선언의 조건으로, 양심선언은 지배적인 권력 장치(정부, 사법부, 군부, 자본가)에 대항하여 목숨을 걸

* 민주언론운동협의회가 발간하여 1985년 창간된 〈월간 말〉은 전두환 정권과 1987 민주화 체제 형성 전후하여 추진된 민주, 민족, 민중의 양심선언을 꾸준하게 보도했으며 여기서는 그 자료들을 상당 부분 활용했다.

어야 할 정도의 위험을 감수해야 하는 상황에서 강고한 거부, 저항, 이탈의 형태로 시도되었다. 언론 탄압과 검열이 심했던 상황에서 양심선언 운동에는 대체로 소수의 대안 매체가 관여했다. 폐쇄적이고 억압적인 상황에서 매스미디어를 통한 안정적인 의견 표출이 불가능하므로, 양심선언은 선언자가 사회를 향해 직접적이고 절박하며 격렬한 목소리를 낼 수 있는 유일한 방법이 되었다. 고문과 사형의 위협 속에서 이뤄진 김지하의 양심선언문뿐 아니라 학생, 노동자, 경찰·교육·행정 공무원들의 많은 양심선언들은 감시와 탄압을 피하기 위해 은폐된 지하 공간(예를 들면 화장실, 감옥, 구체적으로 드러나지는 않지만 비공개적인 사적인 공간들)에서 비밀스럽게 작성되어 〈월간 말〉과 〈한겨레〉 등 소수 진보적인 간행물에 보도되는 경로를 취했다. 부패하고 억압적인 조건에 대해 단절되고 은폐된 환경에서 죽음을 감수하는 행위로서 진실 실천이 행해진 것이다.

셋째, 양심선언의 주제는 자신의 약점을 구실로 위협을 가하여 불의를 행하도록 강요한 정권과 자본을 비판하고, 자신의 의지에 반하며 강제로 동원되어야 했던 사실을 고백하는 것에서 비롯된다. 양심선언의 구성 방식은 다양하다. 자신의 이력을 소개하여 자신이 부당한 권력에 협조하게 된 불가피한 이유를 제시하고 이러저러한 사건에 연루된 계기를 설명하는 개인화된 성격의 선언이 있는가 하면, 사적인 사연은 생략하고 구체적인 사건이 일어난 계기와 원인을 소개한 후, 그것의 오류를 지적하고 개선 의지를 밝히는 성격의 선언도 있다. 다양한 성격의 양심선언문들이지만 대체로 불의한 정치 행위들(예컨대 교육공무원들의 '변태적' 선거 운동 동원)을 고발하며, 강제에 의해서였지만 이에 협조한 자신의 죄과를 고백하고 참회한다. 그리고 자신의 배신으로 인해 고통을 입은 이웃·친구·사회에 사죄하면서 이러한 부정과 비극을 야기한 궁극적 원인인 정치권력을 비판하는 논리로 구성된다.

이처럼 양심선언에서 취해진 비판의 대상은 제도적이며 구조적인 차원에서 범해진 불의와 부정의다. 개인의 잘못은 그 또는 그녀의 실수나 도덕적인 결함보다는 더욱 근본적으로 부당한 권력 질서가 야기한 불행한 결과로 설명된다. 예컨대 동료를 고발하는 배신을 범한 학생운동 프락치의 배신은 자신의 약점과 갈등을 이용하여 권력 유지를 하려는 독재 정권의 부정에서 기인했다. 대항하는 시민을 과잉 폭력 진압하고 감시한 경찰과 전경의 잘못은 정권의 하수인 역할을 자임한 행정 기구의 오류에서 비롯했다. 간첩으로 조작된 농민운동가의 비극은 남북 분단의 현실에서, 한강물에 몰래 분뇨를 버린 수거자들의 오류는 돈을 벌기 위해서라면 법과 질서를 마음껏 무시하는 자본가의 탐욕에서 파생되었다. 그리고 그 근원적인 악에 대한 비판이 양심선언의 주된 목적이다.

대다수의 양심선언자들은 정의롭지 않은 정치 체제에 예속되어 하수인 역할을 하게 된 자신의 과거를 고백함으로써 반성하고, 이 모든 모순으로부터 해방되기 위한 궁극적인 해결책으로 새로운 법(보안법 폐지), 정권(정권 교체), 체제(통일 국가 체제, 민주주의 체제)의 수립을 요구한다. 예를 들어, 1988년 〈월간 말〉의 한 기사는 "기업의 노조 탄압 대외비 문서"를 "폭로"한다(《월간 말》 편집부, 1988). 이 문서에 인용된 대우중공업과 대우자동차의 한 노동자인 김 아무개는 "회사와 경찰의 조종"을 받아 노동자들의 동태를 파악하여 노조를 탄압하려는 "음모"를 꾸밀 수 있도록 도와야 하는 "간첩이 되"었다고 털어놓는다. 이어 그는 자신의 양심선언의 동기를 "노동자들의 피와 땀이 조금이라도 수포로 돌아가지 않도록 하는 마음"이라고 밝힌다(《월간 말》 편집부, 1988: 89). 또 다른 예로 시위 진압을 거부했다고 알려진 이스라엘 병사에게 보내는 옥중 서신문의 저자들은 자신을 "군부 독재 정권의 안정적 집권 유지를 담당하는 사병이기를 거부하는 양심선언의 죄"로 투옥된 "양심선언 전경"으로 소개한다(양승균 외, 1990). 자신들이 진정으로 원했던 “병사의 사명은 독재 정권의 하수인이 되는 것이 아니라, 근로 민중의 이익과 민주를 지키는 임무”에 있음을 강조하면서, “양심의 이름으로 민주의 염원으로……”라는 문구로 서신문을 끝맺는다. 이처럼 양심선언은 사회 각 부분에서 자신의 오류를 고백함으로써 다른 사람들이 더 이상 그 잘못을 반복하지 않기를 바라는 희원, 동료의 고통 어린 노력이 헛되지 않게 하려는 다짐, 자신과 사회가 변화해야 하리라는 각오 등을 표출한다. 대표적으로 당시 탈영병이었던 윤석양은 1990년 한국기독교교회협의회 인권위원회 사무실에서 국군보안사령부의 민간인 사찰 실태를 고발하는 양심선언문을 발표함으로써(1990. 10. 4), “민주 정치, 정치적 자유, 경제적 평등, 스스로 도덕성”의 구현을 주장했다(김종철, 1990; 〈한겨레〉, 2018. 6. 22). 개인의 도덕에서부터 정치경제적 민주화에 이르기까지 이 모두를 아우르는 근원적 진리인 자유와 평등이 ‘양심’이라는 주제로 응결되고 있다.

넷째, 양심선언의 효과에 관해서, 정치, 경제, 도덕을 관통하는 민주화를 추구하는 양심선언은 양심선언자에게 외적·내적 효과를 생성한다. 양심선언이 정권 교체나 사회 변혁에 직접적인 기여를 했는지는 불분명하며 그 가시적인 성과를 과장하지 않는 편이 타당할 것이다. 그럼에도 양심선언의 중요한 외적 효과로서 양심선언의 형식과 구성이 다양해지면서 그와 유사한 성격의 진실 실천이 보다 유연하고 다각적으로 실행되며 민주화의 잠재력이 사회적으로 축적되도록 이끈 사실은 중요하게 지목되어야 한다. 양심선언은 개인뿐 아니라 집합적 수준으로 조직화되며(예를 들면 교사들의 전교조 탈퇴 무효화 양심선언, 1989) 다른 문서 형식 및 농성 같은 육체들의 집단화 양식으로 확대되고 공명하였다. 보고 문학(증언과 고발을 목적으로 하는 문학 장르), 공개 서한(남북청년학생회담 제안 공개서한서, 1988), 선언문(선린고 학생들의 선언문), 성명서(관권 개입에 항의하는 민주화 공무원, 애국 공무원 성명서), 농성(불법 압수 연행에 반대하는 출판인들 항의 농성), 전시(민미협 반고문전) 등이 그 일부 사례에 해당한다. 이들이 모두 양심선언의 단어를 명시하지는 않았지만 양심선언문과 마찬가지로 사회적으로 강행되어 온 부정과 오류를 밝히고 그것을 야기한 구조적 요인들을 비판하는 정치적인 주장들을 전개했다.

양심선언이 주체에게 미치는 내적 효과는 자신의 오류를 고백하는 과정에서 자신을 반성하고 그것을 야기한 사회적 불의를 비판함으로써 궁극적으로 "자신의 변화"(Foucault, 2005)를 추진하는 의미를 지닌다. 양심선언을 계기로 그는 더 이상 과거의 그가 아닐 수 있고 새로운 자신으로 태어날 수 있다. 일례로 농민운동가 전성헌(1989)은 서경원 의원에게 간첩의 누명을 씌우는 정권을 비판하는 글에서, "남북 분단은 결국 남북을 갈라놓고 이웃과 이웃을 갈라놓고 나와 너를 가르는 것에서 끝나지 않고 나 자신의 내밀한 생각까지도 갈라놓는 이 비극성을, 그 반인간성을 우리 모두 직시"할 것을 주장한다. 사회적 대립뿐 아니라 더욱 근본적으로 자기 분열과 모순을 극복할 수 있는 수단으로서 양심선언인 것이다. 또한 "양심의 자유·사상·언론·출판·결사의 자유"는 인간성을 회복하기 위한 "최소한의 버팀목"으로서 자리매김된다(전성헌, 1989: 117). 이러한 실천들을 통해서 지배 권력에 대항적인 관계를 정립하고 변혁을 주장하는 새로운 양심의 주체가 탄생하리라 주장된다.

양심선언은 투옥, 고문 등의 폭압에 대해 분신이나 자결의 대응 방식을 취함으로써, 권력도 저항도 모두 극단적인 훈육 체제의 조건에서 행해졌다. 권력도 그에 대한 저항도 자유를 위한 목숨, 목숨을 위한 자유를 근거로 한다. 조영래 변호사의 유명한 표현인 "진실을 영원히 감옥에 가두어 둘 수 없다"는 진실과 감옥, 자유와 훈육, 나아가 항구적 독재 권력에 대한 주체적 도전 행위의 사건화 등, 대립적인 정치 논리로 경직된 당시의 긴장 상황을 표출한다(조영래, 1991).

양심선언의 조건은 정치적 억압과 커뮤니케이션의 단절이라는 특징을 지닌다. 양심선언은 분노, 수치, 용기를 정동의 동력으로 하여, 그러한 불행과 고통을 야기한 체제적 모순(군부 독재 정권, 자본주의, 분단)을 고발하고자 한다. 양심선언자는 양심선언을 통해서, 과거 불의의 권력에 협조한 순응자 위치에서 현재의 비판자 위치로 이행하고자 하며, 양심은 그러한 변화와 극복의 힘을 상징한다. 그 과정에서 지배적인 체제와 질서를 비판하고 과거의 오류에서 벗어나 불의에 대항하는 새로운 진실의 주체화가 가능해진다. 배신과 기만의 현실을 인식하고 그 행위자로서 자신을 반성하며, 그 책임의 원인인 사회적 모순을 비판함으로써 자신과 세계의 변혁을 도모하는 양심 회복의 서사가 도출된다. 이러한 자각, 반성, 비판, 변혁의 구도가 곧 양심선언이라는 진실 실천의 뼈대를 이룬다. 다시 말해 양심은 당시 한국 사회에서 진실 실천의 윤리적 척도이자 민주 정치의 가치를 함축하는 총체적 의식이 되었다.

소셜 네트워크의 진실 실천 : 공유와 평등

권위주의 시대에는 '죽음'과 '피'로 상징되는 훈육 권력 체제에 단독자의 저항이었다면, 오늘날은 개방과 자유를 표방하는 생명 권력 체제에 대응하는 다수의 연결된 저항이 두드러진다. 디지털 네트워크를 매개로 하는 미디어 환경에서 생명 권력 체제에 대응하는 진실 실천의 하나로서, 소셜 네트워크의 진실 발언은 다음의 특징을 지닌다.

첫째, 소셜 네트워크 진실 실천의 주체를 살펴볼 수 있다. 진실 실천의 주체는 최초의 발언자, 그리고 그것에 접속하고 연결하면서 연쇄적인 발언을 창출하거나 공감과 지지의 의견을 공유하는 네트워크 형태로 구성된다. 언뜻 발언자와 지지자들이 익명으로 나타나 주체성을 탈피하는 듯 보인다. 그러나 더욱 세심히 보면 이들은 경험, 느낌, 사유, 주장의 공유자로서, 새로운 가치, 위치, 관계의 형성을 통해 자발적이며 집합적으로 재주체화된다. 더욱이 이들이 주체화되는 가치는 종종 규범적인 질서의 경계나 그 외부에 있는 것이기에 대항적이고 도전적이다. 예를 들어 '을'이라는 위치를 명시하며 '갑'을 고발하는 경제적 약자들은 이전의 피해자에서 지금의 정의와 존엄을 주장하는 저항자로 스스로 자리매김한다. 소셜 네트워크의 진실 실천에서는 최초의 발언자에서부터 그의 경험과 주장을 공유하는 대중까지 포용하는 네트워크화가 진행된다. 이들은 "정동 공중"으로 실체화될 수 있는 가능성을 적어도 잠재적으로는 지닌다(Papacharissi, 2014).

둘째, 소셜 네트워크의 진실 실천에서 표현되는 발언의 주제를 해석해 보자. 그 주제는 삶의 저변에 누적되어 일상적으로 경험되는 불평등, 불의, 부도덕을 고발하면서, 자신의 억울함과 고통을 호소하는 사적이고 감정적인 성격을 지닌다. 이념적이기보다는 도덕적인 문제이고, 민주화나 통일처럼 대의적인 정치 사안이기보다는 자존과 인정에 연관된 윤리적인 사안이며, 사회 구조적 문제로 인식되기보다는 개인적 경험의 문제로 인지된다. 그리고 이것이 사회적인 담론으로 성장하는 과정에서 젠더, 계급, 세대, 이념 등의 구조적인 차원과 접합하며 체계화되고 확장된다.

예컨대 양심선언은 명시적으로 적대적인 지배 권력에 대해 저항을 벌이는 형태였다. 반면, 소셜 네트워크의 진실 발언은 시민사회의 구성원들 사이의 갈등에서 야기되는 경우가 많다. 그 과정에서 정부와 법 등의 제도화된 권위는 다툼의 조정자로 소환된다. 이러한 진실 발언과 갈등의 효과는 여러 갈래로 확산된다. 우선 흔히 '진실 공방'이라고 불리는 관련자 안의 갈등이 시작되고, 다양한 갈래로 대중의 의견들이 촉발한다. 이에 미디어 담론이나 학계의 주장들이 결합하면서 논란 또는 논쟁이라는 더욱 광범하고 복합적인 사회적 담론으로 심화한다. 이 과정에서 애초에 개인적 경험에 대한 감정적인 호소의 형태였던 진실 발언이 사회적 여론으로 성장하면서 소셜 네트워크의 대중적 발언들에서는 미처 나타나지 않았던 전문적인 이론과 체계적인 담론이 결합하기도 한다. 성희롱과 성폭력의 경험에 대한 개인적 발언이 여성의 공론장에서 여성 대중의 미투 운동으로 확산되면서, 이미 이전에 존재했지만 대중의 삶과는 상당히 분리되어 있었던 페미니즘도 여성 일상의 체험과 언어들과 본격적으로 접합할 수 있었다. 그 효과로 최근 몇 년간 한국 사회에서는 이전에는 좀처럼 찾아보기 어려웠던 대중 페미니즘이 크게 성장하며 성평등한 사회로의 변동을 주도하는 주요한 동인으로 작용하고 있다(김수아, 2018). 이렇듯 개인적 발언이 사회적 여론 및 담론으로 확장 및 심화하면서, 견고했던 기존의 "진실 체제"에 크고 작은 균열이 생기고 진실의 정치에 변동이 일어날 수 있다(Brown, 2015).

최근에 불거진 '갑질'이나 직장 내 괴롭힘의 사안

은 근본적으로 자본주의의 경제적 불평등 질서에 기인하지만 소셜 네트워크의 대중 담론에서 그러한 구조적 문제가 '명시적'으로 표명되는 경우는 드물다. 대신 사회적이고 경제적인 영역에서 맺어진 위계적 계약 관계인 '갑'과 '을'이라는 관습어로 통칭되었다. 또한 정치적이고 구조적인 사안으로서가 아니라 예의와 도덕, 혹은 약속을 위반한 부당한 행위처럼 일상적인 사건들로 논해진다. 어조에서도 길이가 짧고 감각적이며 시각적인 장치가 중요하게 고려되는 디지털 미디어 테크놀로지의 특성이 결합되어, 논리적인 비판이나 주장 대신 불의에 대한 개인의 즉시적이고 직접적인 감정이 절실하게 표현되곤 한다. 이렇듯 일상적인 호소와 불만에 학술 및 저널리즘의 담론들이 결합하며 정당성 판단의 문제로 논쟁되고, 행정적이며 사법적인 조치들이 부가되어 제도적 문제로 체계화되면서 본격적으로 정치화된다. 가령 너무나 일상화되어 문제로 인식조차 되지 않았던 직장 내 괴롭힘의 병폐가 온라인에서 표출되고 사회적 담론으로 부각하면서 부당한 권력 행사의 문제로 재규정되었고 마침내 그를 방지하기 위한 조치들이 2019년, 개정 근로기준법의 직장 내 괴롭힘 관련 제도로 법제화되었다(고용노동부 자료 참조).*

소셜 네트워크의 진실 발언은 대체로 법적, 경제

적, 도덕적 질서에 대한 급진적인 비판보다는 그것의 건강한 회복을 주장한다. 이 현상은 악한 통치자(정권 퇴진)나 부당한 법(보안법 폐지)에 불복하고 그 폐지나 대체를 주장하던 이전 시기의 급진적인 양심선언과 비교된다. 현재 소셜 네트워크의 진실 실천에서는 경제적 계약 관계(갑질의 경우)나 사회적 역할(젠더에 관한 갈등)이 법과 제도의 합리성 '안'에서 올바르게 실행되기를 주장한다. 혹은 법과 제도가 미비할 경우 그것의 신설을 요구한다. 이렇게 볼 때 소셜 네트워크의 진실 실천은 법과 제도가 안전하게 보장하는 차원에서 정당한 관계 형성을 추구하는 '권리'의 정치를 향한다.

신자유주의 체제에 도전하는 "새로운 관계"의 창출이 과거 훈육 질서의 재생산같이 구태의연하거나 개인주의적인 권리 확장처럼 이기적인 것만은 아니다. 오히려 로이스 맥내이Lois McNay(2009)가 푸코의 시각에서 적극적으로 읽어내듯이, 푸코가 말한 "절대적 권리"란 생명 정치 체제 안에서 관리되고 활용되는 대상으로서 개인적 권리의 재생산과 구별되어야 한다. 오늘날 '인민'(Badiou et al.,

- https://www.moel.go.kr/policy/policydata/view.do?bbs_seq=20190200639

2013/2014)이 온전히 누려 마땅한 삶의 본질을 통치의 수단으로 환원해 버리고 마는 생명 정치의 전략에 맞서기 위한 절대적 권리의 창출을 뜻하기 때문이다. 이는 고통 받는 약자들이 권력자에 대항하여 민주성과 집합성의 가치를 새로이 만듦을 의미한다.

물론 신자유주의 체제가 정치적 인간으로서의 존엄을 자신의 권리와 이해를 추구하는 경제적 인간으로 해체하고 함몰시켰다는 비판은 여전히 유효하다(Brown, 2015). 그러나 이러한 비판으로부터 한 걸음 더 나아가, 자신의 권리와 이해를 인지하고 그것을 회복하려 투쟁하는 과정에서 또 다른 차원의 저항과 변화가 가능할 수 있다. 이 관점에서 권리는 자신과 타인의 삶에 대해 책임을 공유하는 시민들 사이의 윤리적 연합, 나아가 정치적 연대의 힘을 함축한다(McNay, 2009: 71). 이들은 생명을 통치하는 권력에 대해서 스스로 생명을 통치하고자 하는 주체화의 전략으로 저항한다. 즉 대안적인 생명과 대안적인 생명의 권리, 그리고 생명들 간의 대안적인 관계의 발명을 추구한다.

셋째, 소셜 네트워크의 진실 실천의 사회적 조건을 짚어본다. 오늘날 현실 사회에서 도덕, 인격, 합리성의 훼손이 일어나게 된 조건적 원인은 여러 통치 양식이 각기 또는 서로 빚어내는 충돌과 모순에 있다. 현재 자본주의는 "위기 관리의 위기"에 직면하며 신자유주의라는 광풍에 휘말리고 있으며(지주형, 2011), 이는 단순한 이념 체계이거나 경제 원리이기를 넘어서 민주주의의 경제화 및 인간의 자본화라는 방식으로 세계를 재편하고 있다(Brown, 2015). 더군다나 식민주의와 군부 독재의 처절한 역사를 종결하면서 곧이어 신자유주의 체제에 흡수된 한국 사회가 겪게 된 고통과 갈등은 세계 여느 곳에서 찾아보기 힘들 정도로 특수하고 처절하다. 신자유주의적 통치성이 생존주의의 절박성에 예속되는 주체화를 야기했다면(김홍중, 2015), 여전히 강고한 식민주의, 냉전, 압축적 근대화의 그늘 속에서 경제적 양극화와 정치적 대립은 더욱 첨예해졌다. 이에 분노와 모멸감이 지배적인, 그리고 병든 느낌의 구조로 응결되고 있다(김찬호, 2014). 이처럼 한국 사회의 현 상태는 이질적인 통치성들이 뒤섞이고 충돌하면서, 정확히 말하면 푸코의 생명 정치가 아니라 반대로 생명을 관리하는 능력조차 붕괴된 불구적인 정치 체제다. 이같이 부실하며 해악적인 생명 정치의 통치성에 대해 대중이 각기 자신의 언어로 비판하고 저항하면서 새로운 삶의 문화를 희원, 요청, 주장하는 것이다.

넷째, 소셜 네트워크의 진실 발언의 효과는 개인의

고백과 고발에 따른 대중적 호소와 지지의 네트워크화로 나타난다. 우선적으로 진실 발언의 주체는 자신의 존엄과 명예의 회복을 요구한다. 아울러 이는 운동을 촉발한 주체의 변화뿐 아니라 집합적, 대중적, 사회적 변화를 추구한다. 이 점에서 소셜 네트워크의 진실 실천은 매개, 확산, 공유되는 발화 그 자체로서 비판과 저항의 운동을 촉발하는 "수행성"(Butler, 1993, 2004)을 발휘한다.

소셜 네트워크의 진실 실천은 언론과 행정, 입법, 사법 기관 상징 권력 장치가 사안을 인지하고 그에 일정한 대응 방식을 취하도록 촉발하고 견인하는 제도적 변화를 유도하기도 한다. 언론이 소셜 미디어에서 출현하는 대중의 발언들을 인지하여 보도하고, 이것이 점차 사회정치적인 사안으로 채택되는 일이 이제는 그다지 새롭지 않을 정도다. 이에 대해 입법·행정·사법부가 개입하며 여러 경로의 제도적 조치가 전개되기도 한다. 대표적인 사례로 '청와대 국민청원'에서 표면화된 여성의 낙태금지법 폐지 주장은 온/오프라인 네트워크 운동이 확산되고 학계 및 시민운동계와 결합하면서 법적 사안으로 채택되었다. 그리고 마침내 헌법재판소가 "낙태 처벌 조항은 여성의 자기결정권을 과도하게 제한해 헌법에 어긋난다"고 판단하는 '낙태죄 헌법불합치' 판결을 이끌었다(이혜리·유설희, 2019).

최초로 소셜 네트워크의 진실 실천의 활성화 현상이 전적으로 옳고 바람직한 것만은 아닐 수 있다. 마치 푸코가 '파레시아의 위기'라고 불렀던 그리스 사회 현상과 비슷하게(1부 3장 참조), 현재 우리 사회에서도 무엇이 진실인가, 진실을 누가, 어떻게, 표현하고 공유하는 것이 옳은가, 진실과 허위를 누가, 어떻게, 듣고 구별할 수 있는가 등의 문제에 대한 갈등이 심화되며 '가짜'와 '허위'가 진실로 둔갑하거나 그 반대의 왜곡이 일어날 위험 또한 심각하기 때문이다. 실제로 우리는 진실 실천이 정치적 흥행을 위한 자원으로 도구화되는 경우를 종종 경험한다.

아울러 청와대 국민청원 제도가 시사하듯이 해당 사안에 대해 시민사회에서 자율적인 논쟁을 거치지 않고 즉시 청와대라는 최대 통치 권력 기구에 청원하여 이에 동의하는 사람 수가 일정한 수적 기준을 넘으면 정책적 고려 사안으로 채택되도록 하는 방식에 내포된 집단주의 논리 및 권력 의존 혹은 순응적인 태도가 지적될 수 있다. 그리고 법의 정당성이라는 명목을 맹신함으로써, 법의 폭력성을 인식하고 그에 우선하는 근원적 준거로서 정의를 추구하는 비판적 급진성은 위축될 수 있다. 그 결과 기존의 법 체제 안에서, 그에 의해 규정된 '합법적' 조정이라는 미명 안에서, 주권 통치성에의 예속이 강화될 수 있다 (Derrida, 1994/2004).

그러나 이러한 문제점에도 불구하고 그간 당연시 되었던 지배적인 규범과 관습에 이의를 제기하며 대안과 대항을 주장하는 진실 실천은 객관적 제도화에 앞선 진실 실천의 경험적 우선성이라는 의미에서 여전히 중요하다(Foucault, 2005; 2016/2017). 그 중요성은 오랜 기간을 독재 정권과 냉전 이데올로기 속에서 억압적이고 폐쇄적인 소통문화 안에 갇혀 있었던 한국 사회이기에 더욱 소중할 수 있다.

정치적 파레시아와 윤리적 파레시아

'양심선언'과 '소셜 네트워크의 진실 실천'은 진실 실천이라는 공통된 지향 아래 여러 차이점을 보인다. 우선 권력과 지니는 관계성이 뚜렷이 구분된다. 소셜 네트워크 진실 실천은 시민사회의 범위에서 피해를 입은 자신의 경험을 고백, 호소하고 공유를 도모함으로써 구성원들의 이해와 지지를 얻고자 한다. 사적이고 도덕적인 사안에 대해 대중의 지지와 동의를 구성함으로써 자신의 존엄과 명예를 회복하고, 나아가 사회적 변화를 도모하려는 필요와 욕망에서 발원한다. 이전 시기의 양심선언은 피로 상징되는 정치적 억압과 폭력에 대해 목숨을 건 저항이었고 이에 대한 제도적 대응 역시 불법적이고 폭력적인 방식으로 나타났다. 반면 소셜 네트워크의 진실 실천은 통치적 합리성이 제도적으로 안정화된 가운데 생명을 독려하는 긍정적이고 생산적인 권력 작용 안에서 교섭적으로 이뤄진다. 따라서 대부분 합법적인 테두리 안에서 집단들 사이의 갈등 및 대항 관계가 돌출하며 이 충돌은 제도적인 조정, 대중적 평가, 사법적인 선고로 조정되는 경로로 정향된다. 이는 자유를 통치 기술로 활용하는 신자유주의 체제에서 평등을 주장하고, 개인화와 집단주의의 갈등이 혼재하는 상황에서 새로운 권리와 관계가 창발되기를 바라는 대중의 욕망과 의지의 표출로 이해할 수 있다. 독재 정권에 의해 구축된 제도 정치 질서의 '바깥'에서 맞서는 투쟁이 양심선언 운동의 동인이었다면 소셜 네트워크의 진실 발언은 삶과 인간관계에 개입하는 생명 정치 체제 '안'에서 추진되는, 넓은 의미에서의 정치적 투쟁이다.

두 개의 진실 실천 유형에서 나타나는 정동 작용의 특징과 의미, 그것을 구성하는 정치 구조와 문화 양식 역시 서로 구별된다. 양심선언은 자신의 오류를 고백하고 개선을 선언하는 재귀적 관점을 가지는 데 비해 소셜 네트워크의 진실 실천은 상대 혹은 일반을 비판하는 상대적 관점을 지닌다. 양심선언이 소수의 독단자가 억제되고 단절된 미디어 환경에서 행하는 폭로와 선언의 '도발적'인 형태를 취하였다면, 소셜 네트워크의 진실 실천은 익명적으로 네트워크화된 대중이 공개되고 확장적인 형태로 목소리를 내어 고발하고 호소하는 '활용적'인 경로를 취한다. 시민사회의 네트워크화된 지지 위에서 공유되고 합법적인 조정, 혹은 법의 개선에 의해 해결되는 '협력적'인 문제 접근 방식을 도모한다. 이는 사회가 썩었고 정치가 폭압적이며 법이 악하므로 그것의 근본적인 폐지와 새로운 건설이 필요하다고 주장하는 '저돌적'인 양심선언과 대비된다.

주제에 관하여, 가시적인 적대로서 독재 정권과 훈육적 통치성에 대한 대항으로 양심선언이 나타났다면, 소셜 네트워크 진실 실천은 젠더, 성, 사회·경제적 계급과 계층에 관련된 '관계'와 '권리'에 대한 도덕적 이의 제기이며 주장이다. 통치와 대항의 권력 관계에 대해, 양심선언은 체제의 정당성 자체가 부정되는 가운데 통치자와 피통치자 간의 지배 및 저항의 관계에 대한 문제에 연관된다. 이에 비해 소셜 네트워크의 진실 실천은 시민사회 안에서 한 발언자로 대표되는 특정 개인 또는 집단이 타자에 대해 대항하는 권리와 관계의 갈등 문제에 가깝다. 양심선언에서 통치 권력 자체가 시민들의 비판의 대상이라면, 소셜 네트워크 진실 발언에서 그 권력은 시민들 사이의 분쟁을 조정하고 결정할 주체로 인정되고 소환된다.

또한 발화 양식에 있어서, 양심선언은 자신의 오류를 참회, 반성하고 개선을 도모하는 고백의 논리를 띤다면, 소셜 네트워크 진실 실천은 자신의 부당한 피해와 차별의 경험을 밝히고, 그것을 가한 외적 대상을 고발하면서 자신의 주장에 대한 지지를 호소하는 형태를 띤다. 양심선언이 독재 정권이 부당하게 획정한 제도 정치에 대항하는 민주화 '운동'이라면 소셜 네트워크에서의 진실 실천은 신자유주의적 생명 권력에 대해 대안적인 생명, 관계, 권리를 발명하고자 하는 민주화 '주장'이다.

정리하면 양심선언이 윤리적 경로(반성과 양심의 회복)를 통한 정치적 개혁을 추구한다면, 소셜 네트워크의 진실 발언은 정치적 제도에 기반을 두어 윤리적 가치(관계와 권리 창출)를 추구한다. 전자를 '정치적 파레시아'로, 후자를 '윤리적 파레시아'로 부를 수 있을 것이다. 파레시아의 주체, 주제, 조건, 효과에 있어서 제도 정치의 변혁을 지향하는 입장이 정치적 파레시아라면, 시민사회의 공간에서 사회적 인간 관계와 권리의 민주화가 윤리적 파레시아의 핵심을 이룬다. 윤리적 파레시아는 삶과 관계에 관련된다는 점에서 푸코의 철학적 파레시아와 유사하지만, 스승에 의한 철학적 사유와 지도보다는 경험과 의견의 공유자들 사이의 동등하고 상호적인 대화를 꾀한다는 점에서 사회적 성격이 훨씬 강하다.

정치적 파레시아가 폭압적인 정치 체제에서 '자유'를 진실의 가치로 추구한다면, 윤리적 파레시아는 이미 자유가 통치의 수단으로 활용되는 신자유주의 체제에서(Dean, 2009) '평등'을 진실의 가치로 지향한다. 또한 전자가 정치 변화를 통한 개인의 양심 회복 즉 구원을 추구한다면 후자는 개인의 존엄성 회복을 통한 사회 변화를 도모한다. 이 같은 차이점들에도 불구하고 대중의 진실 실천은 "자신을 급진적으로 변형"(Foucault, 2005)하는 윤리적 가치와, 권력에 대한 비판으로 수행되는 정치적 가치를 공통으로 함축한다. 따라서 윤리와 정치가 서로의 외부에 있되, 양자가 서로를 지속적으로 자극하고 변화를 도모하는 정치윤리적 가치를 동시에 확보할 수 있다(I부 3장 참조).

자유와 평등

'통치성의 변화 — 예속성의 변화 — 저항의 변화'라는 서로 연결된 삼중의 변화 층위는 특수한 사회역사적 맥락성을 지닌다. 역사적 단계마다 통치성의 기술이 변화하면서 새로운 주체의 예속화가 일어날 뿐 아니라, 더욱 흥미롭게는 신생적인 저항의 기술 또한 발명되고 수행됨으로써 새로운 방식의 대항적 주체화가 전개된다.

비판과 저항의 역사적 지속성 및 변화 가능성은 그간의 통치성의 연구에서 그다지 관심을 받지 않았다. 예를 들어 최근 한국의 신자유주의 통치 체제에서 어떠한 신자유주의적 주체화가 진행되는가에 대해서는 정치·경제·사회·문화 영역의 각 지점들에서 통찰적인 연구가 성장한 데 비해(강명구 외, 2016; 김수정, 2010, 김예란, 2015; 김홍중, 2015), 대중이 이에 대한 비판과 저항을 어떻게 수행하는지 혹은 적어도 어떠한 대항의 잠재성을 지니는지에 대해서는 관심이 희박했다(Brown, 2015). 예를 들어 "90년대생들은 이기적이다, 보수적이다, 꼰대다" 하는 식의 단순하고 부정확하며 피상적인 비난은, 신자유주의 체제에 순응적인 수동체로서 한 세대를 고정시키는 오래된 폐습의 일종이다.

통치성, 예속성, 저항성은 상호 형성적이며 상호 작용적일 뿐 아니라 서로 충돌하고 견제하는 식의 복합적인 연관성을 지닌다. 즉 훈육 체제 또는 생명 정치 체제라는 상이한 통치성 안에서 훈육적인 주체화와 생명 정치적인 주체화가 이뤄지는 것이 예속화의 측면이라면 각 통치성의 조건 및 예속화의 질서에 특이하게 대응하는 방식으로 비판과 저항의 주체화 또한 전개된다. 그래서 죽음의 훈육 권력 체제에서 강저적이고 폐쇄적인 주체화가 일어났지만 목숨을 거는 양심선언을 통해 저항적 주체화 또한 진행될 수 있었다. 또한 생명을 관리하고 자유를 활용하는 생명 정치 체제에서는 자기 이해와 권리를 경쟁적으로 추구하고 인간이 자본화하며 삶이 투자의 대상이자 자원으로 활용되는 식의 경저적 인간으로의 예속적 주체화가 심화된다(Brown, 2015). 그러나 이에 맞물려 그리고 이에 반발하며, 훼손된 자신의 존엄과 사회적 평등을 주장함으로써 시민의 연대를 추진하려는 저항적 주체화의 방식 또한 발명되는 것이다.

이렇듯 윤리적이고 정치적인 비판과 저항의 쟁투를 통해 어떠한 진실이 생성되었을까. 진실이 이미 주어진 절대적 원리이거나 보편적인 법칙이 아니라 사회 현실 안에서 경험되고 정치적인 쟁투 안에서 구성, 실천되는 것이라면, 양심선언과 소셜 네트워크에서의 진실 발언을 통해 어떠한 진실이 구성되었는지가 궁극적인 문제가 된다.

두 국면의 진실 실천에서 수렴되는 현대 한국 사회에서 진실이란 그것이 독재 권력이든 신자유주의적 생명 권력이든지 간에 부당한 권력을 비판하며 추구되는 자유(특히 양심선언 경우)와 평등(특히 소셜 네트워크의 진실 발언 경우)의 민주적 원리다. 또한 이는 태생적으로 보장되거나 사회적으로 제공되는 것이 아니라 주체가 각자의 삶의 과정에서 겨루고 다투는 과정을 통해 구현하고 성취해 나가야 하는 과정적 의미로 실체화된다. 또한 진실은 단지 품거나 믿는 것이 아니라 말로서 발언하고 몸으로 발휘하면서 실질화되어야 한다고 믿는 실천성이 두드러진다. 이러한 의미들의 총체가 다름 아닌 '진실'이라는 단어와 인식으로 개념화된 것이 현대 한국사의 특수성이다. 바꾸어 말하면, 현대 한국사의 특수성 안에서 진실이란 정치윤리적인 자유와 평등이라는 특정한 의미를 획득하게 된다.

자유와 평등의 오래된 가치에 대한 현재적 상기는 향후에 계속 탐구되어야 할 주제들을 시사한다. 우선 양심선언과 소셜 네트워크 진실 발언 외에 진실 실천에 관련된 다양한 경험적 사례들이 수집, 분석될 수 있다. 동시에 양심선언과 소셜 네트워크 진실 각각에 내부적으로 존재하는 유형, 관계, 갈등의 복잡성을 더욱 정교하게 해석할 필요가 있다. 또한 여기서 명쾌하게 풀리지 않은 문제로, 복잡한 진실 논쟁에서 누가, 어떤 방식으로 진실을 말하고 논의하고 결정할 것인가에 대한 사안이 중요하게 남아 있다. 앞에서 지적되었듯이, 오늘날 소셜 네트워크 진실 발언의 진실 혹은 허위 여부는 종국에 행정, 사법, 입법의 통치 기구에 의해 판단, 판결되는 경향이 강하다. 그러나 기성의 통치 제도가 반드시 정의로운 것은 아니며 오히려 가장 정교하고 철저한 통치, 심지어 폭력 형태는 바로 주권 혹은 그 구체적인 수단으로서 법이라는 근원적인 통찰에 동의한다면(Derrida, 1994/2004; Benjamin, 2008), 통치 기구에 준거하는 현재의 진실 실천의 비판과 저항의 한계 역시 분명해지기 때문이다.•

그 가능성과 한계를 동시에 포용하며, 우리는 특정한 통치성의 안과 밖에서, 그리고 그 경계에서 주저하거나 겨루며, 대중이 실천하는 진실, 비판, 저항의 함의를 파악할 수 있다. 개인적 주체화의 지점에서부터 사회적 변혁에 이르기까지 진실 실천에 내재한 비판과 저항의 잠재성은

• 일례로 누군가를 죽이는 일이 정당화되는 유일한 권력은 국가에 있다. 전쟁이나 사형이 그 대표적인 수단이다.

매우 다양하며 유의미하다. 이 시각이 단지 낭만적이고 순진한 희망 이상의 것이 될 수 있는 이유는, 푸코의 표현을 빌려 말한다면, 진실에 대한 자기 실천은 "우리 자신에 대한 지속적인 비판"(Foucault, 1997: 313; Lemke, 2011: 39에서 재인용)을 가능하게 만들기 때문이다.

이처럼 자기 성찰적인 비판은 주어진 현재에 저항하며 앞으로 올 미래를 새롭게 상상하고 실천할 수 있는 급진적인 진실을 생성한다.

마음은 어떻게 말을 하고 어떤 말들을 들을까. 가능과 불가능이 모호한 삶의 결을 느끼고 개체와 공동이 얽힌 시간 속에서 의미를 만들어 가며, 그 결과 의미가 행복하고 사랑스럽고 진실하면 좋겠다. 행복과 사랑과 진실은 비교불가능하다. 더 행복하다든가 덜 사랑한다든가 보다 진실하다는 건 성립하지 않는다. 이들은 우아한 절대성이기 때문이다.

이 책이 만들어지는 기간에 많은 죽음을 경험했다. 한편으론 새로운 바이러스의 출현으로 지금 이 글을 쓰는 시간까지 전 세계에서 60만여 명이 사망했으며 다른 한편으론 서울의 한 정점에 선 인물이 수치심, 두려움, 또는 알려지지 않은 이유들 때문에 스스로 죽음을 택했으며, 지구 반대편에선 한 검은 사람이 순전히 4분 동안 숨을 쉬지 못해 죽음을 당했다. 아마도 정동에 대한 사유가 현실에 개입할 수 있다면, 이처럼 생명과 죽음을 뒤섞고 가르는 삶의 질서를 투명하게 이해하는 일, 그 이해가 올바르다면 반드시 도달하게 될 문제 영역들을 명민하게 인지하는 일, 그리고 오랫동안 오류와 왜곡에 점철된 궤도들을 현명하게 수정하는 일이 될 것이다.

이 책은 이러한 사건들을 어떻게 대하고 다루어야 하는지에 관해, 이해와 인식과 행동의 가치 및 원칙을 논했다. 예를 들어 세계 전체를 뒤덮은 바이러스라 할지라도 왜 체계적인 불균형과 불평등 속에서 특정한 지역, 계급, 계층, 인종, 직업에 위치한 사람들이 "마치 바이러스가 그들을 의도적으로 노렸던 양"(Harris, 2020), 바이러스에 더 무참하게 무너질 수밖에 없었는지. 누군가 자신의 권력과 욕망을 제대로 통솔하지 못해 죽음에 다다랐을 때 부정의와 애도의 모순된 교차로에서 그 죽음을 어떻게 설명할 수 있는지 — 죄를 짊어진 자가 스스로 눈을 찌르는지, 공동체에 의해 도시 밖으로 추방당하는지는 인간 비극의 근원적 문제이기도 하다. 숨을 쉬지 못한 이의 죽음이 어떻게 죽음을 무릅쓴 검은 삶들의 연대로 확장되는지, 그리고 이 모든 무지, 가난, 탐욕, 착란, 광기, 분노 이후엔 과연 조화롭게 숨이라도 쉴 수 있는 세계가 도래할 순 있는 건지. 다만, 이처럼 복잡하고 갈등적인 문제들을 실제 현실 사회에서 어떠한 이름과 권위에 의해 어떻게 정당한 절차로 판단하며 구체적인 조치들을 적용하여 최선의 실효를 거둘 수 있는지에 관한 실행적인 사항들은 포함하지 못했다. 이는 이후에 다른 방법론으로 탐구되어야 할 주제다.

정동의 사회적 삶에 관한 이해는 우리가 돌이켜 새로이 생각하고 실험하며 실천해야 할 문제 영역들을 열어준다. 가령 흔히 찬미되듯이, 네 번째 산업혁명을 거쳐 — 첫 번째, 두 번째, 세 번째 혁명은 어떠했는가에 대한 진단도 미처 내려지기 이전에 당대는 혁명을 투기적인 슬로건으로 활용하는 경박함을 즐긴다 — 건설되리라는 신세계가 국가권력과 거대자본에 의해 구축된 데이터 집체로 세상이 개편되는 야욕이라면, 인간과 사물과 환경이 태생 내지 인공의 지능들로 뒤엉킨 채 비트 조각들로 관리, 통제, 활용되어 얼마의 늙은 시간을 수명 연장받는 비루함이라면, 한 국가도 쉽사리 행하지 못하는 1억 달러의 보조금을 아마존의 슈퍼리치 제프 베조스Jeff Bezos 한 명이 자신의 열흘 남짓 기간에 해당하는 소득으로 가볍게 뿌리면서 팬데믹으로 고통을 겪고 있는 세상을 돕는다고 뿌듯해하는 역겨움이라면(Reich, 2020) …… 그럼에도 불구하고, 이처럼 야만적인 세계 안에서조차 홀로, 자신의 선을 분명히 긋고 비상하는 단독자는 분명 존재한다(Raunig, 2016).

단독자는 어디로 향하는가? 이 질문에 대해, 희망이라는 정동으로 이 책을 마무리하련다. 희망엔 여러 가지가 있다. '잔혹한 낙관cruel opitimism'은 로런 버런트Lauren Berlant(2011)의 개념으로 우리가 일상적인 쓰는 말인 희망고문과 유사하다. 지금의 사회는 현실이 어떠하든 잘만 하면 — 노력이든 행운이든 이러저러한 '찬스'든 — 목표를 성취할 수 있다는 희망 논리를 기입하는 방식으로 사람들을 길들인다. 잔혹한 낙관은 인간을 좌절과 열망의 혼란 속에서 탈진시키고 대부분 불행, 그나마 운이 좋다면 "별일 없음"으로 종결된다.

또 다른 희망은 '급진적인 희망radical hope'이다(Couldry, 2010; Lear, 2006). 존 리어John Lear가 제안한 이 개념에서 희망은 애초에 불확실성 안에 자리한다. 희망의 급진성은 (추론이나 예측과 달리) 현재의 혼란에 대해 알 수 없음이라는 절망에서 싹트지만 점차 미래의 선을 사유할 수 있는 초월성을 함축한다. 지금의 위기를 열린 시각으로 인지하는 것, 변화에 대해 불가지의 한계를 자각하는 것, 앞으로 올 알지 못하는 시간에도 여전히 지켜져야 할 원칙을 발견하는 것, 이것이 급진적인 희망의 요건이다. 다시 말해 지금의 자신에 대해 투명하게 이해하고 변화의 과정을 성찰하며 미래에 대해 다르게 상상할 수 있는 지혜와 용기가 급진적인 희망을 빚는다. 정동의 정치윤리적 실천은 잔혹한 낙관의 현실 구조를 급진적인 희망의 창발로 전환하는 동인이 될 수 있다. 사람들이 나누는 말은 이 위태롭지만 유의미한 과정이 외로움이나 독단에 갇히지 않고 공유된 시간 안에서 살아 숨 쉴 수 있도록 생기를 부여한다. 침묵도 속삭임도 다툼도 외침도 이 역능으로 유의미하다.

정동의 정치윤리성이 우리의 삶에서 실제 생동할 수 있기 위해서, 우리가 현재 겪고 있는 환희와 비통을 그저 잊거나 내버려두지 않도록 애써야 할 것이다. 그러한 (마르틴 하이데거Martin Heidegger의 의미에서) 상기와 보살핌을 위해, 이들은 마땅히 기억되고 사유되며 이야기되어야 할 존엄을 지닌다고, 최악의 불행에서부터 최선의 행복에 이르는 모든 가능성이 내재하는 불확실성으로부터 미래는 반드시 오며, 아마도 다르게 올 수 있다고, 마음은 말한다.

참고 문헌

강명구 · 김홍중 · 신혜원 (2015).《한중일 청년을 말하다》. 진인진.

권김현영 엮음 (2018).《피해와 가해의 페미니즘》. 교양인.

김보명 (2018). "혐오의 정동경제학과 페미니스트 저항: 〈일간 베스트〉, 〈메갈리아〉, 그리고 〈워마드〉를 중심으로," 〈한국여성학〉, 34(1), pp.1~31.

김수아 (2018). "국내 페미니스트 미디어 연구에 대한 비판적 검토: 이론적 검토 및 전망," 〈언론정보연구〉, 55(3), pp.5~46.

김수정 (2010). "글로벌 리얼리티 게임쇼에 나타난 '자기통치'의 문화정치: 〈프로젝트 런웨이〉와 〈도전! 슈퍼모델〉 프로그램을 중심으로," 〈한국방송학보〉, 24(6), pp.7~44.

김수정 (2019). "개인화 시대의 '개인주의'에 대한 개념적 탐색," 〈한국언론정보학보〉, 통권 94호. pp.7~33.

김영옥 (2009). "여성 · 국가 · 촛불," 당대비평 기획위원회 엮음,《그대는 왜 촛불을 끄셨나요》. 산책자. pp.201~214.

김예란 (2010). "감성공론장: 여성커뮤니티 느끼고 말하고 행하다," 〈언론과 사회〉, 18(3), pp.146~191.

_____ (2015). "디지털 창의 노동: 젊은 세대의 노동 윤리와 주체성에 관한 한 시각," 〈한국언론정보학보〉, 통권 69호, pp.71~109.

_____ (2016). "탈주와 모방: 1970년대 청년문화의 감각과 정동 실천," 〈언론과 사회〉, 24(3), pp.178~224.

김은실 (2018). "페미니스트 크리틱, 새로운 세계를 제안하다," 김은실 엮음, 《더 나은 논쟁을 할 권리》. 휴머니스트.

김종철 (1990). "보안사와 대통령과 '범죄전쟁'," 〈월간 말〉. 11월호, pp.28~29.

김진주 (2018. 2. 10). "'문명의 속도'에 저항했던 부탄의 지금은," 〈한국일보〉. http://v.media.daum.net/v/20180210160519382

김찬호 (2014). 《모멸감》. 문학과지성사.

김창남 (2014). 《대중문화의 이해》. 전면2개정판. 한울.

김홍중 (2015). "서바이벌, 생존주의, 그리고 청년 세대: 마음의 사회학의 관점에서," 〈한국사회학〉, 49(1), pp.179~212.

박일영 (1988). "1970년대 한국 가톨릭교회의 정의구현 운동 — 사회 참여의 근거로서 그리스도 이해를 중심으로," 〈현실과 인식〉, 12(3), pp.9~30.

백영경 (2018). "프롤로그: 낙태죄 폐지가 시대의 상식이 되기까지, "성과재생산 포럼 엮음, 《배틀그라운드: 낙태죄를 둘러싼 성과 재생산의 정치》. 후마니타스. pp.5~23.

사사키 아타루 (2013). 《이 치열한 무력을 — 본디 철학이란 무엇입니까?》. 자음과모음.

서동진 (2004). "[특집/박정희, 기억의 정치와 성찰의 빈곤] 박정희 체제 — 어떤 민주주의를 위해 비판할 것인가," 〈당대비평〉, 통권 28호, pp.103~119.

_____ (2009). 《자유의 의지 자기계발의 의지: 신자유주의 한국사회에서 자기계발하는 주체의 탄생》. 돌베개.

손국희 · 정진우 · 문현경 (2019. 9. 12). "고유정 얼굴 갖고도 싸웠다 …… 한국, 일만 터지면 '젠더 전쟁'," 〈중앙일보〉.

양승균 외 (1990). "양승균상경 제2양심선언," 〈월간 말〉, pp.18~20.

어환희 (2018. 10). ""가족관계 망친다" 침묵 강요… 미투 사각지대 '친족 성폭력'." 〈jtbc 뉴스〉. http://news.jtbc.joins.com/article/article.

aspx?news_id=NB11600987
이미정 · 장미혜 · 정수연 · 허은영 (2015). 〈대학 내 성희롱 성폭력 예방 및 피해자 보호 강화 방안 연구〉. 한국여성정책연구원.
이유림 (2018). "낙태죄를 정치화하기," 성과재생산포럼 엮음, 《배틀그라운드: 낙태죄를 둘러싼 성과 재생산의 정치》. 후마니타스. pp.27~52.
이은봉 (1989). "실천불교," 〈월간 말〉, 1989년 4월호, p.158.
이현재 (2013). "섹스와 젠더 — "섹스"도 알고 보면 "젠더"!". 〈여/성이론〉 통권 제29호, pp.206~218.
이혜리 · 유설희 (2019. 4. 11). "[낙태죄 헌법불합치] 66년 만에… 낙태, 죄의 굴레 벗다." 〈경향신문〉. http://news.khan.co.kr/kh_news/khan_art_view.html?art_id=201904112153015#csidx5309f45af635eb782d9b3ac100709fb
이희은 (2018). "페미니즘 운동과 미디어 윤리 — #미투 운동 사례를 중심으로," 〈언론정보연구〉, 55(3), pp.120~157.
전병용 (1989). "김지하 '양심선언' 발출작전," 〈월간 말〉, 5, pp.146~156.
정성헌 (1989). "서경원의원은 절대로 간첩이 아니다," 〈월간 말〉, pp.116~119.
조영관 (2018. 3. 4). "이주여성도 함께 미투." 〈경향신문〉. http://news.khan.co.kr/kh_news/khan_art_view.html?artid=201803042116005&code=990100
조영래 (1991). 《진실을 영원히 감옥에 가두어 둘 수는 없습니다》. 창비.
〈중앙일보〉 (2018. 4. 27). "美 인기 코미디언 빌 코스비, 성폭력 유죄 평결… 최대 30년형 전망." http://news.joins.com/article/22573547
지주형 (2011). 《한국 신자유주의의 기원과 형성》. 책세상.
〈한겨레〉 (2018. 6. 22). "'민간인 사찰자료' 들고 튄 탈영병을 보호하다." http://www.hani.co.kr/arti/society/archives/850227.html
한병철 (2017). 《타자의 추방》. 문학과지성사.
한소범 (2018. 7. 20). "'일베'에 맞서려다 똑같이 괴물이 된 '워마드'," 〈한국일보〉. http://www.hankookilbo.com/News/

Read/2018071910857516l8
황인찬 (2015). 《희지의 세계》. 민음사.

Agamben, G. (2009). *What Is an Apparatus? and Other Essays*. Stanford University Press.
_____ (2019). *Creation and anarchy*. Stanford University Press.
Ahmed, S. (2004). *The cultural politics of emotion*. Routledge.
_____ (2010). *The Promise of Happiness*. Duke University Press.
_____ (2017) *Living a Feminist Life*. Duke University Press.
Athanasiou, A. (2016). "Nonsovereign agonism (or Beyond affirmation versus vulnerability)," In Butler, J., Gambetti, Z. & Sabsay, L. (Eds.), *Vulnerability in resistance*. Duke University Press. pp.256~277.
Badiou, A. (1995). *Beckett, l'increvable désir*. Hachette. [서용순 · 임수현 옮김. 《베케트에 대하여》. 민음사. 2013].
_____ (2009). *Éloge de l'amour*. Paris: Flammarion SA. [조재룡 옮김. 《사랑 예찬》. 길. 2010].
_____ (2015). *Metaphysique du bonheur reel*. [박성훈 옮김. 《행복의 형이상학》. 민음사. 2016].
_____ et al. (2013). *Qu'est-ce qu'un peuple?* [서용순 외 옮김. 《인민이란 무엇인가》. 현실문화. 2014].
Baer, H. (2016). "Redoing feminism: digital activism, body politics, and neoliberalsim," *Feminist Media Studies*, 16(1), pp.17~34.
Bakhtin, M. (1975). Вопросы литературы и эстетики. [전승희 옮김. 《장편소설과 민중언어》. 창작과비평사. 1998].
Barthes, R. (1977). *Fragments d'un discours amoureux. Editions du Seuil*. [김희영 옮김. 《사랑의 단상》. 동문선. 2004].
Beckett, S. (1930). *Proust*. Tusquets Editores S. A. [유예진 옮김. 《프루스트》. 워크룸. 2016].
Benjamin, W. (2008). *Über den Begriff der Geschichte*(1940); Zur Kritik der

Gewalt(1922); *Der Sürrealismus*. [최성만 옮김. 《역사의 개념에 대하여 / 폭력비판을 위하여 / 초현실주의 외》: 발터 벤야민 선집 5. 길].

Berardi, F. 'Bifo' (2015). *Heroes: Mass murder and suicide*. Verso. [송섬별 옮김. 《죽음의 스펙터클》. 반비. 2016].

Berlant, L. (2011). *Cruel optimism*. Duke University Press.

Bolter, J. & Grusin, R. (1999). Remediation. The MIT Press.

Braidotti, R. (2006). "Affirmation versus vulnerability: On contemporary ethical Debates," *Symposium: Canadian journal of continental Philosophy*, vol. 10, no. 1, Spring /Printemps. pp.235~254.

Brown, W. (2015). *Undoing the Demos: Neoliberalism's Stealth Revolution*. Zone.

Butler, J. (1990). *Gender trouble: Feminism and the subversion of identity*. Routledge.

_____ (1993). *Bodies that matter: On the discursive limits of sex*. Routledge.

_____ (1997). *Excitable speech: A politics of the performative*. Routledge.

_____ (2004). *Undoing gender*. Routledge.

_____ (2006). *Precarious life: The powers of mourning and violence*. Verso.

_____ (2016). "Rethinking vulnerability and resistance.," Butler, J., Gambetti, Z. & Sabsay, L. (Eds.) *Vulnerability in resistance*. Duke University Press. pp.12~27.

_____ (2019). *The force of non-violence*. London: Verso.

_____, Gambetti, Z. & Sabsay, L. (Eds.) (2016). *Vulnerability in resistance*. Duke University Press.

Couldry, N. (2010). *Why Voice Matters: Culture and Politics After Neoliberalism*. Sage.

Clough, P. (2007). "Introiduction," in Clough, P. & Halley, J. (ed.) (2007). *The Affective Turn*. Duke University Press, pp.1~33.

Chaput, C. (2018). "Neoliberalism and the rhetorical invention of counterpublic attunement." *Communication and the public*, vol.

3(3), pp.176~189.

Dean, J. (2009). *Democracy and other meoliberal fantasies: Communication capitalism and left politics*. Duke University Press books.

de Certeau, M. (1984). *The practice of everyday life*. University of California Press.

Deleuze, G. (1978~1981). "Gilles Deleuze, Lecture transcript on Spinoza's concept of affect" (online). https://www.gold.ac.uk/media/images-by-section/departments/research-centres-and-units/research-centres/centre-for-invention-and-social-process/deleuze_spinoza_affect.pdf

_____ (1983). *Nietzsche and philosophy*. Columbia University Press.

_____ (1986). *Foucault*. Minuit. [(Trans.) Seán Hand. *Foucault*. The University of Minnesota. 1988].

_____ (1995). *Negotiations 1972~1990*. Columbia University Press.

_____ (2001). *Spinoza: Practical Philosophy*. City Lights Publishers.

_____ & Guattari, F. (1975). *Kafka: Pour une littérature mineure*. [이진경 옮김. 《카프카 — 소수적인 문학을 위하여》. 동문선. 2001].

_____ & Guattari, F. (1980). *Mille Plateaux: Capitalisme et Schizophrenie*. [김재인 옮김. 《천 개의 고원》. 새물결. 2001].

_____ & _____ (1991). *Qu'est-ce que la philosophie?* [*What is philosophy?* Trans. Hugh Tomlinson & Graham Burchell. Columbia University Press. 1994].

Derrida, J. (1994). *Force de Loi*. Editions Galilée. [진채원 옮김. 《법의 힘》. 문학과지성사. 2004].

_____ (2000). "Performative powerlessness," *Constellations*, 7(4), pp.466~468.

Deutscher, P. (2008). "The inversion of exceptionality: Foucault, Agamben, and 'reproductive rights,'" *South Atlantic Quarterly*, 107(1), pp.56~70.

Dobson, A. S. (2015). *Postfeminist digital cultures: Femininity, social media, and self-representation*. Palgrave Macmillan.

Donzelot, J. (2008). "Michel Foucault and Liberal Intelligence," *Economy and Society*, 37(1), pp.115～134.

Elias, A. & Gill, R. (2017). "Beauty surveillance: The digital self-monitoring cultures of neoliberalism," *European Journal of Cultural Studies*, pp.1～19 (Online first).

Fitzgerald, F. Scott (1934). *Tender Is the Night*

Fotopoulou, A. (2017). *Feminist activism and digital networks: Between empowerment and vulnerability*. Palgrave Macmillan.

Foucault, M. (1977). The Confession of the flesh: The History of Sexuality, Volume 4.

______ (1978). *The history of sexuality. Volume 1. Introduction*. Vintage.

______ (1980). *Power/Knowledge: Selected Interviews and Other Writings, 1972～1977*. Pantheon Books.

______ (1985/1990). *The history of sexuality. volume 2. The use of pleasure*. (trans. Rovert Hurley) Random House/Vintage Books.

______ (1988a). *Technologies of the Self: A Seminar with Michel Foucault*. University of Massachusetts Press.

______ (1988b). "Sexuality and solitude," *Politics, Philosophy, Culture: Interviews and Other Writings, 1977～1984*. Routledge. pp.242～254.

______ (1988c). "The concern for truth," In *Politics, Philosophy, Culture: Interviews and Other Writings, 1977～1984*. Routledge. pp.255～267.

______ (1990). *The History of Sexuality, Vol. 2: The Use of Pleasure*.

______ (1998). "On the genealogy of ethics," In *Ethics: Subjectivity, and Truth*. (ed. Paul Ravinow). The New Press.

______ (2005). *The hermeneutics of the subject. Lectures at the College de France 1981～1982*. Picador.

______ (2007). The Politics of Truth. *Semiotex(e)*.

_______ (2008a). The birth of biopolitics: *Lectures at the Collège de France, 1978~1979*. New York, NY: Picador.

_______ (2008b). *The Courage of Truth: The Government of Self and Others II; Lectures at the Collège de France, 1983~1984*. NY: Picador.

_______ (2010). *The government of self and others: Lectures at the Collège de France 1982~1983*. Picador.

_______ (2014). *Wrong-doing, truth-telling: The function of avowal in justice*. University of Chicago Press.

_______ (2015). *About the Beginning of the Hermeneutics of the Self: Lectures at Dartmouth College, 1980*. The Chicago University Press.

_______ (2015). *Qu'est-Ce Que La Critique?: Suivie de La Culture de Soi*. [심재광 · 오트르망 · 전혜리 옮김. 《비판이란 무엇인가? 자기 수양: 미셸 푸코 미공개 선집 1》. 동녘. 2016].

_______ (2016). *Discours et vérité: Précédé de La parrêsia Michel Foucault*. [오트르망 옮김. 《담론과 진실: 미셸 푸코 미공개 선집 2》. 동녘. 2017].

_______ & Blanchot, M. (1989). *The thought from outside / Michel Foucault as I imagine him*. Zone Books.

Freeman, H. (2018. 4. 28). "After six months of #MeToo, the burning question seems to be: how soon can these guys come back?" *The Guardian*.

Freedland, J. (2018. 9. 29). "Kavanaugh the insidious force in global politics: toxic masculinity." *The Guardian*.

Gill, R. (2017). "The affective, cultural and psychic life of postfeminism: A postfeminist sensibility 10 years on," *European Journal of Cultural Studies*, 20(6), pp.202~626.

_______ & Orgad, S. (2016). "The confidence cult(ure)," *Australian Feminist Studies*, 30(86). pp.324~344.

Grossberg, L., McRobbie, A. & Gilroy, P. (2000). *Without guarantee: In honor of Stuart Hall*. Verso.

Guattari, F. (1995). *Chaosmosis: an ethico-aesthetic paradigm*. Bloomington & Indianapolis: Indiana University Press.

Harris, J. (2020. 6. 28). "There's another pandemic stalking Britain: hunger." *The Guardian*. https://www.theguardian.com/commentisfree/2020/jun/28/pandemic-britain-hunger-boris-johnson

Hebdige, D. (1979). *Subculture: The Meaning of Style*. Methuen and Co.

Hesmondhalgh, D. (2017). "Capitalism and the media: moral economy, well-being and capabilities," *Media, Culture & Society*, 39(2), pp.202~218.

Hillis, K., Paasonen, S., & Petit, M. (Eds.) (2015). *Networked affect*. MIT Press.

Honneth, A. & Rancière, J. (2016). *Recognition or disagreement: A critical encounter on the politics of freedom, equality, and identity*. Columbia University Press. https://www.theguardian.com/world/2018/apr/28/six-months-metoo-how-soon-guys-come-back-hadley-freeman

Jones, O. (2020) "Loneliness is a national crisis. But there is a way to tackle it," *The Guardian*. https://www.theguardian.com/commentisfree/2020/feb/07/loneliness-social-connect-local-communities

Layard, R. (2006). Happiness: Lessons from a new science. Penguin Books.

Lazzarato, M. (2014). *Signs and machines: Capitalism and the production of Subjectivity*. Semiotext(e).

Lear, J. (2006). *Radical Hope*. Harvard University Press.

Lemke, T. (2002). "Foucault, governmentality, and critique," *Rethinking Marxism*, 14(3), 49~64.

Lévy, P. (1998). *Becomng Virtual: Reality ing the digital age*. Plemun Trade.

Lilja, M., Baaz, M., Schulz, M., & Vinthagen, S. (2017). "How resistance encourages resistance: theorizing the nexus between power, 'organised resistance', and 'everyday resistance'," *Journal of political power*, 10(1), pp.40~54.

Lorey, I. (2015). *State of Insecurity: Government of the Precarious*. Verso.

Massumi, B. (2014). *The Power at the End of the Economy*. Duke University Press Books.

______ (2015). *Ontopower: war, powers, and the state of perception*. Duke University Press.

McIntyre, L. (2018). *Post-Truth*. MIT Press.

McNay, L. (2009). "Self as enterprise: Dilemmas of control and resistance in Foucault's The Birth of Biopolitics," *Theory, Culture & Society*, Vol. 26(6), pp.55~77.

Mouffe, C. (2018). *For a Left Populism*. Verso.

Nancy, Jean-Luc (2004). *The inoperate Community*. ed. Peter Conner. University of Minnesota Press, pp.89~109.

Ngai, S. (2007). *Ugly feelings*. Harvard University Press.

Nietzsche, F. (1901). *Der Wille zur Macht*. [강수남 옮김. 《권력에의 의지》. 청하. 1988].

Papacharissi, Z. (2014) *Affective publics: Sentiment, technology, and politics*. Oxford University Press.

Rancière, J. (2004). *The politics of aesthetics* (G. Rockhill Trans.). Bloomsbury. (Original work published 2000).

______ (2010). *Dissensus: On politics and aesthetics*. London: Bloomsbury.

Raun, T. (2018). Capitalizing intimacy: New subcultural forms of micro-celebrity strategies and affective labour on YouTube. Convergence: The international journal of research into new media technologies. (Online first)

Raunig, G. (2016). *Dividuum: Machinic Capitalism and Molecular Revolution*. Semiotext(e).

Reich, R. (2020. 4. 12). "America's billionaires are giving to charity – but much of it is self-serving rubbish." *The Guardian*. https://www.

theguardian.com/commentisfree/2020/apr/12/americas-billionaire-class-donations

Rentschler, C. (2014). "Rape culture and the feminist politics of social media," *Girlhood Studies*, 7(1), pp.65~82.

Rodino-Colocino, M. (2018). "Me too, #MeToo: countering cruelty with empathy," *Communication and critical/cultural studies*, 15(1), pp.96~100.

Rose, N. (1999). *Governing the soul*. 2nd edition. Free Association Books.

Sabsay, L. (2016). "Permeable bodies: vulnerability, affective powers, hegemony," In Butler, J., Gambetti, Z. & Sabsay, L. (Eds.), *Vulnerability in resistance*. Duke University Press. pp.278~302.

Sauvagnargues, A. (2005). *Deleuze et l'art*. [이정하 옮김. 《들뢰즈와 예술》. 열화당. 2009].

Sedgwick, E. (2003) *Touching feeling: Affect, pedagogy, performativity*. Duke University Press.

Simmel, G. (1957). "Fashion," *The American journal of sociology*, 62(6). pp.541~558.

Sobchack, V. (2004). *Carnal thoughts: Embodiment and moving image culture*. University of California Press.

Wilde, O. (1888). *The Nightingale and the Rose*. [최애리 옮김. "나이팅게일과 장미." 《오스카 와일드, 아홉 가지 이야기》. 열린책들. 2015].

Wood, J. (2004). *Gendered lives*. Wadsworth Publishing. [한희정 옮김. 《젠더에 갇힌 삶》. 커뮤니케이션북스. 2006].

Zarkov, D. & Davis, K. (2018). "Ambiguities and dilemmas around #MeToo: #ForHowLong and #WhereTo?" *European Journal of Women's Studies*, 25(1), pp.3~9.

https://www.theguardian.com/commentisfree/2020/feb/07/loneliness-social-connect-local-communities

https://www.gov.uk/government/news/pm-launches-governments-first-

loneliness-strategy
https://terms.naver.com/entry.nhn?docId=1188068&cid=40942&categoryId=31614
http://www.dayofhappiness.net/#join
유엔인권위원회(United Nations Human Rights Office of the High Commissioner) https://www.ohchr.org/Documents/Issues/Women/WRGS/OnePagers/Sexual_and_gender-based_violence.pdf

찾아보기